Erwin Olaf

SilvanaEditoriale

PACI CONTEMPORARY

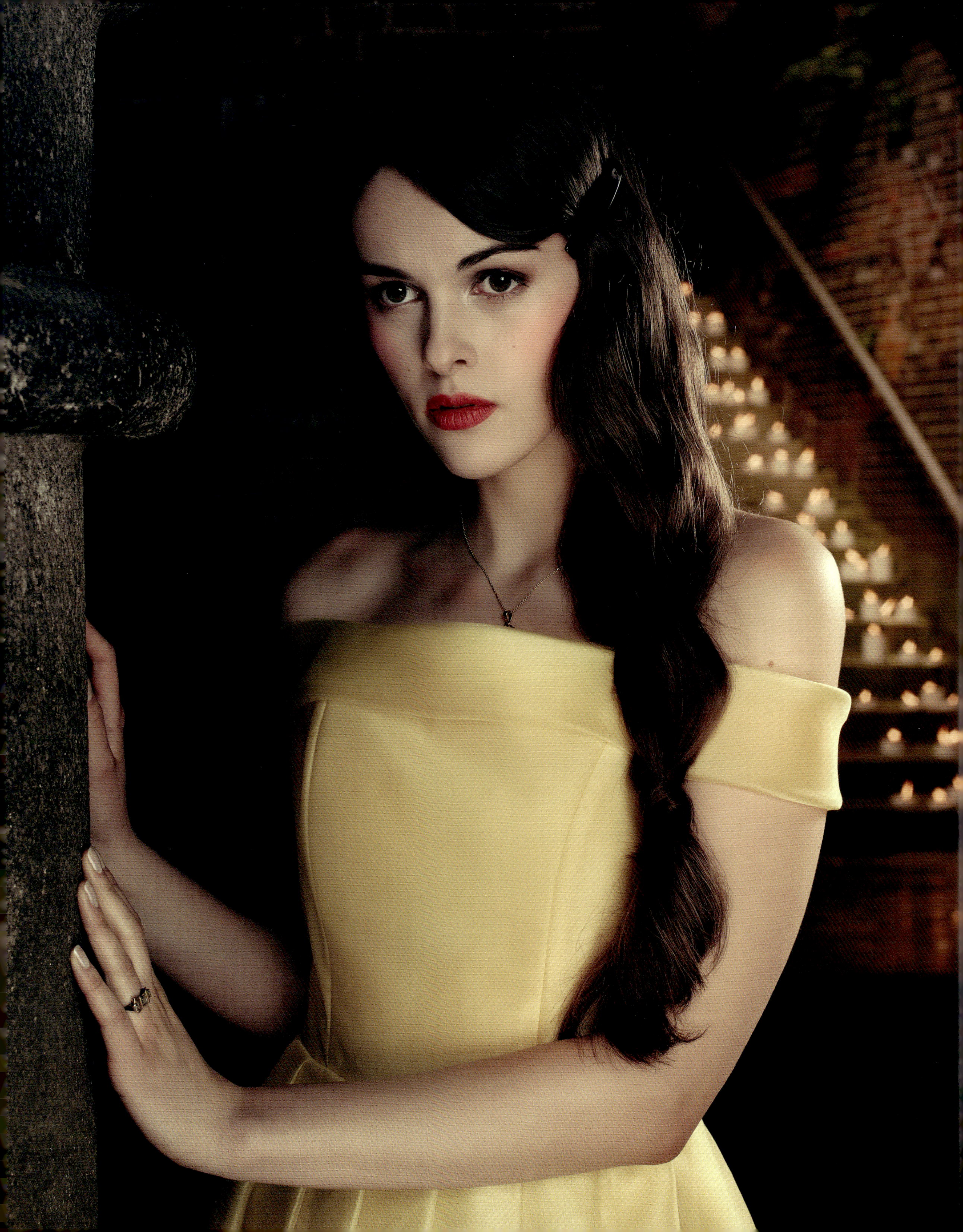

PACI
CONTEMPORARY

Brescia
via Borgo Pietro Wuhrer, 53
t. +39 0302906352
m. + 39 3487617028
info@pacicontemporary.com

Porto Cervo
Promenade du Port
via Aga Khan, 1
m. + 39 3487617028
portocervo@pacicontemporary.com

www.pacicontemporary.com

Questo catalogo è stato realizzato con la collaborazione dello Studio Erwin Olaf (Paesi Bassi)

This catalogue was realized in collaboration with Studio Erwin Olaf (The Netherlands)

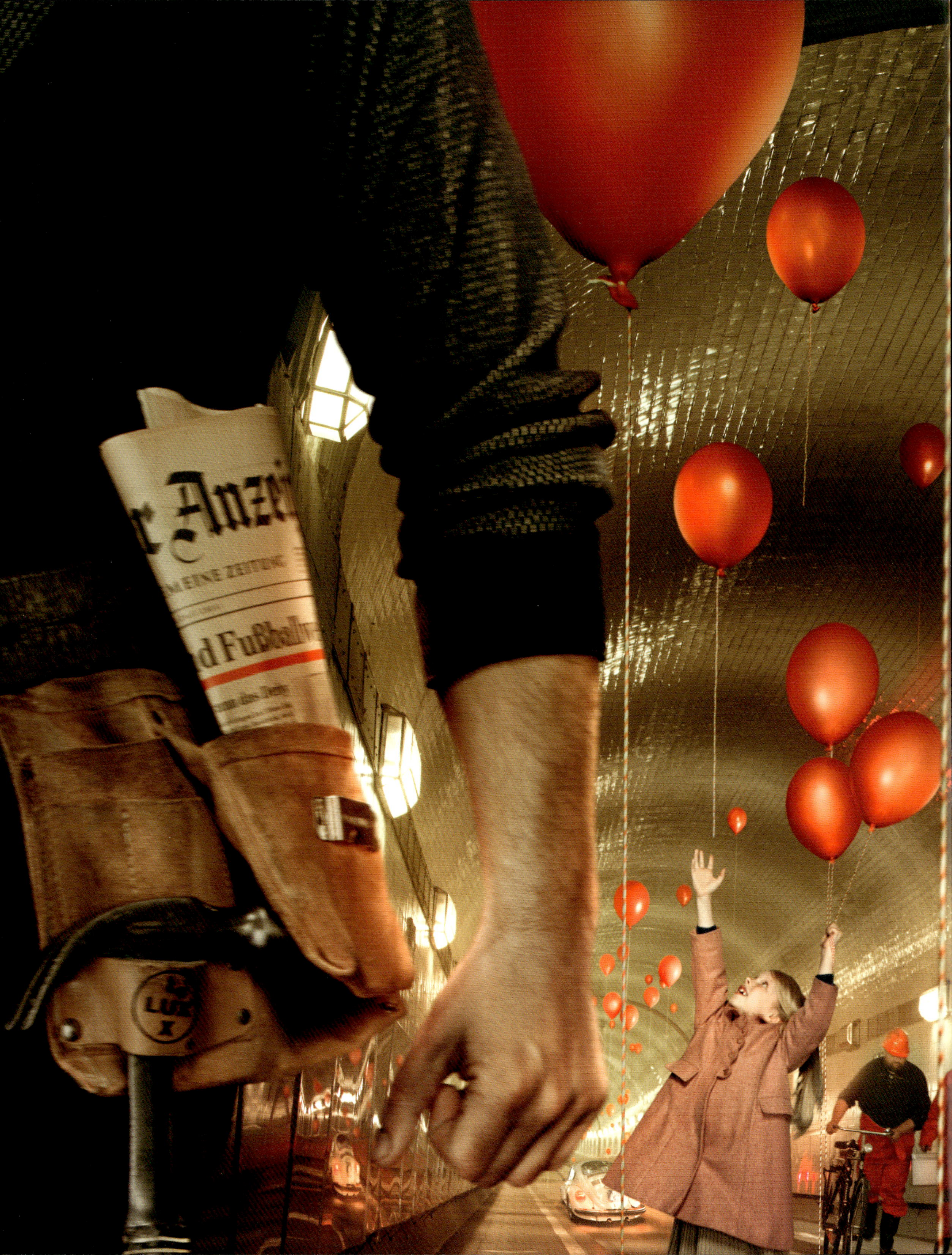
r Anzei
EINE ZEITUNG
d Fußballv

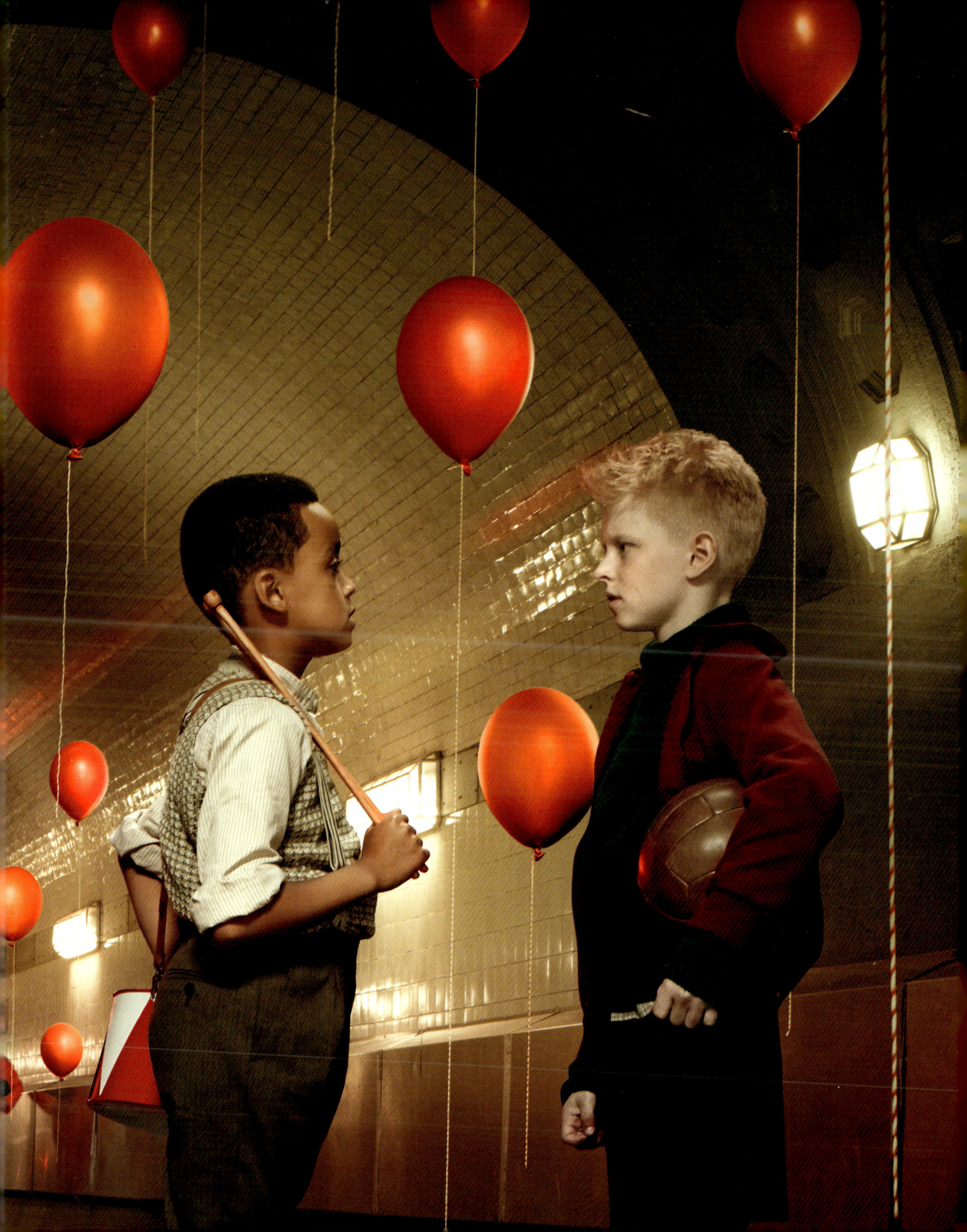

In Between. Per Erwin Olaf

WALTER GUADAGNINI

Quando Erwin Olaf scatta le sue prime immagini, agli inizi degli anni ottanta, il panorama fotografico internazionale è in piena evoluzione, alle prese con il suo ultimo (e quasi definitivo) mutamento di pelle e di statuto, all'interno di un mondo a sua volta in fermento, almeno dal punto di vista del costume, in particolare nelle regioni più avanzate dell'Impero occidentale. Dunque, da un lato la nuova libertà dei costumi, l'emersione di una sessualità più libera, tanto provocatoria quanto giocosa, che trova nelle discoteche e nei club i suoi luoghi di massima visibilità, e nei protagonisti di quelle nottate (siano essi musicisti, attori, stilisti, artisti, fotografi, *night butterflies* come si definisce Olaf stesso) i suoi modelli e insieme i suoi testimoni. Dall'altro, una scena fotografica che non nasce più nelle strade ma nelle università e nelle accademie, che si alimenta non più della realtà ma della sua messa in scena, che finalmente si mischia con le altre arti senza più complessi di inferiorità, e che non a caso trova i suoi luoghi di apparizione nelle gallerie e nei musei di arte contemporanea. I giovani maestri, in entrambi gli ambiti, sono ben noti, e ben presto mitizzati: Mapplethorpe, Hujar, Corbijn, Goldin da un lato, Wall, Sherman, Skoglund, Crewdson dall'altro, e nel mezzo figure meno facilmente inquadrabili, da Witkin a Serrano a Pierre & Gilles. Una stagione, vista dalla prospettiva odierna, straordinaria, che si conclude tragicamente con la morte di alcuni dei protagonisti e la canonizzazione di altri all'interno di un meccanismo ormai votato definitivamente a logiche più di produzione che di creazione, in un mondo a sua volta segnato – questa volta sì definitivamente – da una globalizzazione che modifica radicalmente gli equilibri del potere economico e politico, come dimostreranno gli eventi del 1989 e del 2001, per limitarsi a quello scorcio di anni.

Il percorso creativo di Olaf è, da questo punto di vista, esemplare: nasce come fotografo di quel mondo notturno del quale è a sua volta protagonista in prima persona, ed evolve progressivamente, con rigore e coerenza assoluti, in direzione di una fotografia sempre più complessa e riflessiva, dialogante con il mondo e insieme con la storia, passata e presente, delle immagini, in particolare di quelle pittoriche. Dai primi scatti almeno fino alla serie "Chessmen", la lettura delle sue opere è facilmente inscrivibile all'interno di un percorso di maturazione linguistica, dove evidenti sono i riferimenti e le radici (Mapplethorpe e Witkin le primarie, ma anche una lunga tradizione della fotografia di moda, da Platt Lynes a Horst) e altrettanto evidente è l'attenzione portata a un mondo non tanto ai margini, quanto ai limiti della cosiddetta normalità: "I wanted to focus on groups who were outside of 'normal' society. One of my first projects was to make a photograph with the theme 'What's normal?'. I'm still asking myself that". Opere come *Joy* o *Pearls* segnano gli apici di una fotografia e di una way of life giocosamente provocatoria, che riporta dentro lo studio – già idealmente un palcoscenico sul quale i corpi si mostrano in tutta la loro ricchezza di significati – le pulsioni e gli stimoli del mondo circostante. I lavori a cavallo degli anni ottanta e novanta, a partire dal già citato ciclo dedicato agli scacchi, rappresentano un momento particolare, nel quale l'urgenza espressiva iniziale, l'aspetto talvolta anche documentaristico presente nelle prime fotografie lascia definitivamente il campo a una fotografia interamente pensata e costruita, come dimostrano i progetti "Borek Sipek" e soprattutto "Blacks", tour de force sia dal punto di vista dell'elaborazione iconografica – tra tarocchi, favola dark, immaginario post apocalittico (sono passati non molti anni da "Blade Runner" e "Mad Max", e sono esattamente gli anni del primo "Batman" e di "Edward Mani di Forbice" di Tim Burton, per intendersi) – sia da quello della tecnica, esasperata sino a dichiararsi volutamente pezzo di bravura, verifica di un'artigianalità che sarà sempre un principio di lavoro – etico oltre che estetico – dell'artista, anche quando affronterà messe in scena ancora più complesse e pratiche tecnologicamente molto più avanzate.

In Between. For Erwin Olaf

WALTER GUADAGNINI

When Erwin Olaf starts taking his first pictures, in the early Eighties, the international photography scene is in full development, shedding its skin and shifting its shape once again (and virtually for the last time). The world, too, is in a ferment, at least as far as the way of life is concerned, especially in the most advanced regions of the Western empire. Hence, on the one side, the new, freer way of life, the freedom of sexual expression – which is as provocative as it is playful – gains the maximum visibility in places like discos and clubs, and finds its models and witnesses in the protagonists of those nights (be they musicians, actors, fashion designers, artists, photographers, or night butterflies – as Olaf calls himself). On the other side, the photography scene no longer comes from the streets, but from universities and academies, and no longer feeds on reality, but on its staging, ultimately blending in with other arts and no longer suffering from an inferiority complex – not by coincidence, it finds its way into contemporary art galleries and museums. The young masters in both fields are well known, and would soon become legends – Mapplethorpe, Hujar, Corbijn, Goldin on the one hand, Wall, Sherman, Skoglund, Crewdson on the other; halfway in between, a number of artists that are less easy to pigeonhole – from Witkin, to Serrano, to Pierre & Gilles. From today's perspective, it was an extraordinary period with a tragic ending: some of its protagonists died, while others were canonised into a system that ended up following the logic of production, rather than of creation, in a world that by then was marked – indelibly, indeed – by globalisation, which drastically altered the balance of economic and political power, as the events of 1989 and 2001 (just within that span of years) would prove.

In this sense, Olaf's creative path is a prime example: he starts as a photographer of that world of the night of which, in turn, he is a protagonist, and gradually develops, in an accurate and consistent manner, towards an increasingly complex and reflective photography, which interacts simultaneously with the world and with the past and present history of the image, and especially of pictorial image. From his first shots and at least up to the *Chessmen* series, his works can be easily framed in a process of stylistic growth, whose references and roots are clear (mainly Mapplethorpe and Witkin, but also a long tradition of fashion photography, from Platt Lynes to Horst). His attention for a world at the limit – rather than on the edge – of what is regarded as normal is just as evident: "I wanted to focus on groups who were outside of 'normal' society. One of my first projects was to make a photograph with the theme 'What's normal?'. I'm still asking myself that". Works such as *Joy* or *Pearls* mark the peak of a joyfully provocative photography and way of life, which bring the drives and stimuli of the surrounding world back into the studio – ideally a stage already, on which bodies display all of their wealth of meaning. His works between the Eighties and the Nineties, starting from the already mentioned series on chess, represent a unique moment: his initial expressive urgency, the documentary style that sometimes characterised his early pictures finally gives way to a well-thought and carefully built photography, which is evidenced by projects like *Borek Sipek* and especially *Blacks*. An actual tour de force as to both iconography – somewhere in between tarot cards, a dark fairy-tale, and post-apocalyptic imagery (to clarify, this was not many years after *Blade Runner* and *Mad Max*, and exactly the years of Tim Burton's first *Batman* and *Edward Scissorhands*) – and technique, which is so exacerbated that it willingly calls itself a work of art, a test for the artist's craftmanship, which will always be the – moral, as well as aesthetic – starting point of his work, even when he will be dealing with more complex mises en scène and much more advanced technological practices.

By the late Nineties, Olaf's 'apprenticeship years' are

Alla fine degli anni novanta, Olaf conclude definitivamente quelli che si possono considerare i suoi "anni di apprendistato", se a questo termine si conferisce il significato di un periodo nel quale l'autore sperimenta tutte le varianti possibili del proprio mestiere e della propria immaginazione, un periodo nel quale vengono esplorate, in modo spesso anche frammentario, le possibilità di un linguaggio, nel quale a questa esplorazione si conferisce talvolta più importanza che agli stessi risultati, per quanto alti essi possano essere. Quattro serie sono, a questo proposito, esemplari: "Mature" e "Fashion Victims", nelle quali viene messa in discussione e sostanzialmente portata al punto di rottura l'essenza stessa della fotografia di moda e, soprattutto, nel quale vengono messi in crisi i valori che essa trasmette. In particolare in "Mature", questo avviene attraverso l'ostensione di figure che dimostrano la possibilità di essere affascinanti quanto e più delle modelle che danno il titolo ai singoli scatti, affermando però un'idea di bellezza pressoché opposta a quella vulgata dalle sfilate e dalle campagne pubblicitarie (anticipando in questo tutta una presa di coscienza da parte di questo mondo che avrà i suoi momenti più iconici nei recenti Calendari Pirelli di Annie Leibovitz e Peter Lindbergh). Le altre due serie, "Royal Blood" e "Paradise", segnano invece l'avvento di uno strumento nuovo, l'apertura di una stagione creativa a partire da un'evoluzione tecnologica che, nelle parole dello stesso artista, diviene motore di nuovi modi espressivi: "One big shift had to do with the invention of Photoshop – the new craftmanship. I wanted to do something that was clearly fiction and would not be possible without this tool". Ma oltre a ciò, entrambi i cicli segnano il momento di massima crudezza, persino di esplicita violenza, dell'intero percorso di Olaf, quasi si trattasse di un momento allo stesso tempo drammatico e liberatorio, come se fosse davvero l'addio a quella fase iniziata un ventennio prima, sviluppatasi – con successo – in varie direzioni, ma ora destinata a essere abbandonata, almeno nei suoi modi di apparizione più evidenti e immediati. Non a caso, forse, la serie "Paradise" fa esplicito riferimento a un noto locale notturno di Amsterdam, quasi a riportare appunto agli inizi di questa storia e a concluderli in una sorta di party selvaggio, nel quale ogni elemento – le figure, le situazioni, la tecnica, i colori, la composizione – è portato a un livello di saturazione estrema, e di altrettanto estrema, sfrenata, immediatezza.

È il 2004, quando l'artista olandese (che nel frattempo, è bene ricordarlo, ha raggiunto una fama internazionale e a sua volta lo statuto di maestro della nuova fotografia digitale, fortemente coinvolta nella riflessione sul corpo e sulle sue possibili modificazioni, reali o virtuali che siano) dà avvio a una nuova serie, dal titolo "Rain", che verrà seguita l'anno successivo da "Hope" e nel 2007 da "Grief". Quasi un trittico, che apre su orizzonti tematici e operativi nuovi e inattesi. La scena si fa complessa, la costruzione del set assume toni cinematografici (o televisivi, considerando anche i temi e il fatto che è in questi anni che la televisione produce serie di fiction destinate a diventare più importanti e costose delle grandi produzioni hollywoodiane, valgano ad esempio il prototipo di "Twin Peaks" negli anni novanta, o "Mad Men" del 2007, i cui rimandi agli anni e alle atmosfere di "Grief" è palese), le singole fotografie si configurano come tasselli di una medesima storia la cui trama complessiva è sconosciuta e inesplicabile, ma comunque avvertibile sottotraccia (e vale ancora qui il rimando a David Lynch, in particolare a un film come "Mulholland Drive" del 2001). Ciò che conta soprattutto è però l'atmosfera di cui sono permeate queste immagini, il senso di sospensione del tempo e persino dello spazio, delle emozioni dei protagonisti. In questo senso si può parlare di un elemento distintivo della ricerca di Olaf che da questo momento in poi non si modificherà più, dell'elemento che, qualsiasi sia il soggetto affrontato, dà il tono alla composizione e la riporta all'interno di un percorso individuale inconfondibile, all'interno di un linguaggio padroneggiato in ogni suo sfumatura, e che per questo motivo permette all'autore qualsiasi variazione, qualsiasi fuori pista (e persino qualsiasi applicazione in termini operativi verrebbe da dire, pensando alla recente commissione ritrattistica della famiglia reale olandese). Ancora una volta, a ulteriore testimonianza della lucidità dell'artista, conviene lasciare la parola all'autore, che fa partire la sua analisi dal sentimento, individuale e collettivo, di fronte agli attentati dell'11 settembre, quindi a un fatto pubblico e non privato – elemento, quest'ultimo, degno di attenzione nella lettura di un fotografo apparentemente lontano dall'attualità: "We were in between action and reaction. It was like the moment just between you hear the *boom* of an explosion, and before you can say, 'What was that'? That moment. I realized I was the wrong person to address the larger issue, directly – I don't photograph the boom. And I don't even photograph the moment after it. But I like the moment between action and reaction. This was an interesting discovery for me, which led to the series *Rain* (2004) and *Hope* (2005) and others that followed: 'Ah, you can photograph the moment in between'.

finally over – so to say, if we understand this term as a period in which the artist experiments with all possible variables of his craft and imagination, in which the possibilities of a language are explored, often in a fragmented way, in which the exploration itself is sometimes more important than its outcomes, as good as they can be. This is exemplified by four series: *Mature* and *Fashion Victims*, which call the very essence of fashion photography into question, effectively take it to the breaking point, and ultimately undermine the values it conveys. Namely, in *Mature*, this is achieved through the ostentation of figures, which prove just as and even more charming than the models after which the shots are named. However, the ideal of beauty they promote is the opposite of the one conveyed by fashion shows and advertising campaigns: in this, he foreruns a whole new awareness that the fashion world would gain, the most iconic outcomes of which are the recent Pirelli Calendars by di Annie Leibovitz and Peter Lindbergh. The other two series – *Royal Blood* and *Paradise* – mark the shift to a new tool, the opening of a creative season that takes its cue from a technological innovation which becomes, in the artist's own words, the drive for new ways of expression: "One big shift had to do with the invention of Photoshop – the new craftmanship. I wanted to do something that was clearly fiction and would not be possible without this tool". Apart from that, these series mark the moment of greatest rawness, even explicit violence of Olaf's entire path – almost a tragic and liberating moment at the same time, as if it were an actual goodbye to that phase he had started twenty years earlier, which had (successfully) developed into many directions, but was now bound to be left behind, at least in its more evident and immediate modes of appearance. It is perhaps no coincidence that the *Paradise* series expressly refers to a well-known Amsterdam nightclub, which almost takes this story back to the start and closes it with a wild party, where every element – figures, situations, technique, colours and composition – is taken to a level of extreme saturation and equally extreme, uncontrolled immediacy.

It is 2004, when the Dutch artist (who – it is worth noting – in the meantime, has risen to international fame and has gained himself the status of master of the new digital photography, very much focussed on the body and its possible changes, be they real or virtual) launches a new series called *Rain*, which would be followed the next year by *Hope* and, in 2007, by *Grief*. A sort of triptych, it opens up to new and unexpected thematic and operational horizons. The scene becomes complex, the set is built as if it were for the cinema (or for television, considering the themes and the fact that the TV series produced in those years would become more relevant and expensive than the great Hollywood productions – think of *Twin Peaks* in the Nineties, or *Mad Men* in 2007, the years and atmospheres of which are clearly referenced in *Grief*), each picture is a tile of the same story, the global plot of which is unknown and inexplicable, yet its underlying presence is perceivable (again, a reference to David Lynch, and especially to his 2001 movie *Mulholland Drive*). What matters the most, however, is the atmosphere that permeates these pictures, a sense of suspension in time and even in space, in the feelings of the protagonists. From this perspective, this is a distinguishing feature of Olaf's research, which would remain unchanged from then on – the feature that, regardless of the subject, sets the tone for the composition and links it to his unmistakable individual path, in the framework of a language he masters in all of its nuances, thus enabling variations and off-piste runs (and even some applications in the operational sense, one could say, thinking of the recent commission for the Dutch royal family's portraits). Once again, to give evidence of the artist's clarity of mind, we will let him speak for himself. His analysis stems from the individual and collective feeling provoked by the September 11 attacks – that is, a public, rather than private event, which is a remarkable fact in a photographer that would seem to stray away from the current affairs. "We were in between action and reaction. It was like the moment just between you hear the *boom* of an explosion, and before you can say, 'What was that'? That moment. I realized I was the wrong person to address the larger issue, directly – I don't photograph the boom. And I don't even photograph the moment after it. But I like the moment between action and reaction. This was an interesting discovery for me, which led to the series *Rain* (2004) and *Hope* (2005) and others that followed: 'Ah, you can photograph the moment in between'. And in fact, this gives you a very open story to work with". This is exactly the atmosphere that the places and characters in these pictures convey to the viewer. As enigmatic images, they raise a number of questions, but fail to provide any answers: the hairdresser and the old lady standing in front of him – what have they been

And in fact, this gives you a very open story to work with". L'atmosfera che luoghi e personaggi di queste fotografie riportano allo spettatore è esattamente questa; si tratta di immagini enigmatiche, che propongono una serie di domande senza scioglierne nemmeno una: cosa si sono appena detti o si stanno per dire il parrucchiere e l'anziana signora in piedi davanti a lui? Perché la ragazza pon pon in primo piano se ne sta andando dalla palestra con lo sguardo nel vuoto, mentre l'altra ragazza la guarda con fare sospettoso? Cosa è successo o cosa succederà tra la studentessa e il professore nell'aula, deserta come tutti questi ambienti? A cosa pensano tutte queste figure che guardano altrove o sono riprese di schiena? E si potrebbe continuare sostanzialmente sino alle figure odierne, attraversando i personaggi di "Dusk" e "Dawn", e quelli dell'altro, più recente trittico, composto da "Berlin", "Shangai" e "Palm Springs". Al di là della narrativa, però, ciò che preme qui è sottolineare una serie di aspetti cruciali nella definizione dell'opera matura di Olaf. Anzitutto, la capacità di misurarsi con i generi classici della pittura e della fotografia, dal ritratto alla natura morta all'interno con figure. E se i primi due appartengono pienamente alla tradizione nordica, all'età d'oro della pittura olandese, e come tali paiono appartenere quasi naturalmente alla formazione e all'evoluzione del linguaggio dell'artista, leggermente diverso è il caso degli interni con figura. Qui, infatti, Olaf va a dialogare esplicitamente con altre tradizioni, a partire evidentemente, da *Rain* e *Hope*, con una certa pittura statunitense, da Norman Rockwell (ricordato esplicitamente dall'autore stesso come fonte di ispirazione) a Edward Hopper, a cui si deve l'invenzione di un determinato immaginario americano, che ritorna in quel senso di solitudine di coppia, di incomunicabilità che domina queste composizioni, più ancora che nell'ambientazione (una memoria che ritorna poi anche in *Waiting*, quasi una sorta di attualizzazione delle stesse tematiche). Così, i protagonisti e gli scenari di *Berlin* rimandano ancora più direttamente, se possibile, alla pittura tedesca degli anni venti e trenta, dall'Otto Dix citato esplicitamente in *Clarchens Ballroom, Mitte* del 2002 a Franz Radziwill e Rudolf Schlichter che fanno capolino un po' ovunque tra i clown e le vecchie in disfacimento, tra Nuova Oggettività e Realismo Magico insomma – che peraltro hanno avuto anche in Olanda validissimi rappresentanti, primi tra tutti Pyke Koch con i suoi allucinati personaggi e Albert Carel Willink con la sua glaciale rappresentazione della borghesia locale –, ma con un fondo di minore drammaticità, dovuto a quella ricerca di ordine, di chiarezza compositiva alla quale Olaf non rinuncia mai, e che forse potrebbe fare spendere anche la definizione di Metafisica, nella sua accezione di pittura costruita sull'enigma e sulla dimensione atemporale del racconto, basato su simbologie di difficile ma non impossibile interpretazione (i palloncini di *Berlino*, gli occhi chiusi di *Shanghai*, le bandiere americane di *Palm Springs*...).

Una fotografia di ricchezza inusitata, come dimostra anche l'inesauribile e costante attenzione che Olaf dedica al tema del corpo. Ancora una volta, è bene sottolineare come non si tratti di scelte puramente estetiche, alla ricerca di una generica bellezza, armonia, disarmonia, ma di una concezione del corpo come veicolo attraverso il quale passa la percezione dell'individualità di una persona – da parte di sé e degli altri – e la natura della società stessa all'interno del quale quel corpo vive e viene rappresentato. La serie "Skin Deep" del 2005, sulla scorta di "Mature", manifesta questa necessità espressiva e allo stesso tempo dà ragione delle scelte dell'artista in termini di rappresentazione della figura anche quando questa è vestita, e dunque nasconde la pelle attraverso l'abbigliamento, che a sua volta è però indice di tempi e modi dell'essere. Un'attenzione che trova infine un suo epicentro ideale nella pratica dell'autoritratto, assolutamente centrale in questo percorso, poiché si avvia nel 1981 e si conclude con le ultime fotografie di Palm Springs, passando attraverso momenti cruciali, vere e proprie dichiarazioni di poetica, e brani di assoluta, talvolta anche drammatica autobiografia, *da Getting Close, Self Portrait with Teun* nelle due versioni del 1985 e del 2010, alla serie citazionista del 2007 "Self Portrait Andy Warhol", dal trittico *I am*, *I wish*, *I will be* del 2009, che non nasconde desideri né paure, fino allo straordinario autoritratto del 2012 realizzato all'Olympiastadion di Berlino, quasi una summa di tutto il lavoro dell'artista. Una grande scalinata, quasi interamente in ombra, la figura di spalle che la sale, giunta nemmeno a metà, la testa che si staglia sulla parte in alto, sulla quale batte una luce in netto contrasto con l'oscurità dalla quale il corpo proviene, nella mano sinistra una macchina fotografica, il metallo toccato dalla luce: pare di sentire i passi, nel silenzio assoluto; pare di sentire le voci di uno stadio che ha visto il trionfo di un regime agghiacciante ma che ne ha anche visto la beffa nella vittoria di Jesse Owens; dentro e fuori dallo spazio, dentro e fuori dal tempo. Né in fondo, né in cima alla scala. Né un prima, né un dopo. *In between*, per l'appunto, accompagnati da un uomo con la macchina fotografica.

or what are they going to be talking about? Why is the cheerleader in the foreground leaving the gym, looking absent-minded, while the other girl is giving her a suspicious look? What happened or what will happen between the student and the professor in the classroom, as empty as all the other environments? What are all these people thinking, looking away or seen from the back? And we could go on like this up to his most current figures, through the characters of *Dusk* and *Dawn*, and through those of the more recent triptych formed by *Berlin*, *Shanghai* and *Palm Springs*. Besides the narrative, however, what really matters here is to highlight a number of crucial aspects that define Olaf's mature production. Firstly, his ability to challenge himself with the classical genres of painting and photography – from portrait, to still life, to interiors with figures. While the first and the second one fully belong to the Nordic tradition, to the golden age of Dutch painting, and as such they seem to contribute to the creation and development of the artist's style almost organically, the case with interiors with figures is slightly different. Indeed, here Olaf explicitly establishes a dialogue with foreign traditions, starting with a certain US painting, which is evident in *Rain* and *Hope* – from Norman Rockwell (expressly mentioned by the artist himself as a source of inspiration), to Edward Hopper, who invented a certain American image, which is referenced, more than in the setting, in that sense of loneliness in a couple, a lack of communication that dominates these compositions (a memory that is also retrieved in *Waiting*, a sort of update on the same themes). Likewise, the protagonists and settings of *Berlin* refer even more directly, if possible, to the German painting of the 1920s and 1930s – from Otto Dix, expressly quoted in *Clarchens Ballroom, Mitte* (2002), to Franz Radziwill and Rudolf Schlichter, who peep out virtually everywhere among the clowns and decrepit old ladies, somewhere in between New Objectivity and Magical Realism. Incidentally, these two movements have been very well represented in Holland, too – primarily by Pyke Koch and his hallucinated characters, and by Albert Carel Willink and his ice-cold depiction of the local bourgeoise. However, they are far less dramatic here, due to that search for order and compositional clarity that Olaf never sets aside, and that could possibly even call to mind the definition of Metaphysics – i.e. a painting built on the mystery and timeless dimension of the tale, based on symbols that are hard, yet not impossible to understand (balloons in *Berlin*, closed eyes in *Shanghai*, US flags in *Palm Springs*...).

An unusually rich photography, as also evidenced by the endless and constant attention that Olaf pays to the theme of the body. Once again, it should be noted that his choices are not merely aesthetic, looking for a general beauty, harmony, disharmony. Rather, the body is seen as the vehicle through which the perception of someone's individuality (as perceived by himself and by the others) and the nature of that very society, in which the body lives and is represented, are conveyed. The *Skin Deep* series (2005), drawing from *Mature*, displays this expressive need and at the same time supports the choices of the artist in terms of representation of the figure, even when it is dressed, thus hiding its skin under its clothes, which in turn are the signs of the times and ways of being. Finally, this attention finds its ideal focus in the practice of self-portrait, which plays a crucial role in this path: launched in 1981, it ends with the last pictures of *Palm Springs*, going through some key moments, actual statements of poetics, and pieces of clear and sometimes even tragic autobiography – from *Getting Close, Self Portrait with Teun*, in the versions of 1985 and 2010, to the 2007 series, *Self Portrait Andy Warhol*, in which he quotes the artist; from the 2009 triptych *I am, I wish, I will be*, in which he does not hide his desires and fears, to the extraordinary self-portrait taken at the Berlin Olympiastadion in 2012 – virtually a summation of the artist's entire oeuvre. A large staircase, almost entirely in the shadow; a figure seen from behind that goes up the stairs, and is not even halfway through them; his head standing out against the upper wall, which is hit by a light that creates a sharp contrast with the darkness from which the body emerges; a camera in his left hand, the metal touched by the light – you could almost hear the steps, in the sheer silence; you could almost hear the voices of a stadium that hosted the triumph of a dreadful regime, as well as the mockery of Jesse Owens' victory. In and out of space, in and out of time. Neither at the bottom, nor at the top of the stairs. Neither a before, nor an after. *In between*, indeed, accompanied by a man with the camera.

Erwin Olaf.
La persona e l'artista

Chi è oggi Erwin Olaf?
Erwin Olaf è un uomo più triste e più saggio di un tempo, ma profondamente felice quando ripensa alla sua carriera e alla sua vita privata.

Come e quando hai capito che saresti stato un artista?
Era più o meno il 1985 quando ho realizzato nel mio atelier le prime immagini davvero valide; in quel momento ho deciso che sarei stato un fotografo di studio e ho detto addio alla fotografia di reportage in senso stretto.

Perché hai scelto la fotografia?
Ero uno scrittore mediocre alla scuola di giornalismo, ma fin dal primo momento in cui l'insegnante di fotografia mi ha messo in mano una macchina fotografica, mi sono innamorato del mezzo. Finalmente ero in grado di trasformare in immagini i pensieri che avevo in testa.

Puoi citare un grande maestro che abbia rappresentato una "fonte d'ispirazione" per te?
Non uno solo, ma tanti. Innanzitutto grandi fotografi come Helmut Newton, Mapplethorpe, Richard Avedon, Witkin e Horst P. Horst, ma anche artisti come Rauschenberg, Rothko e Norman Rockwell, oppure registi come Pasolini, Fellini e Visconti.

Perché hai concepito la tua produzione come suddivisa in serie?
Quando ho realizzato la prima serie, intitolata *Chessmen*, nel 1988 ho scoperto che potevo trasformare tipologie diverse di emozioni in immagini altrettanto differenti, che si raggruppavano automaticamente in serie. Insieme rivelavano una componente specifica del mio carattere e delle mie convinzioni.

Se tu fossi un critico d'arte, che cosa scriveresti sul tuo lavoro?
Un artista che ha iniziato nutrendosi delle proprie insicurezze e che lentamente si è evoluto in un artista maturo, in grado di trasmettere una sensazione di pace alla propria esistenza e al mondo che lo circonda.

Se un giovane ti domandasse perché nelle tue opere non compare mai un bambino che sorride, che cosa risponderesti?
Più osservo i bambini e lavoro con loro, più scopro quanto essi siano maturi e intelligenti come individui e come protagonisti delle mie fotografie. Osservandone alcuni si percepisce come essi già portino sulle spalle il peso del futuro che li attende. In quanto artista visivo queste sensazioni sono per me più interessanti di un sorriso felice.

Ti piace l'Italia?
Sì, amo l'Italia: è così bella e piena di cultura. Sono tornato di recente a Firenze e a Venezia, dove ho lavorato per la Biennale e per Oviesse, e ho toccato con mano quella combinazione tra arte moderna e storia dell'arte che è presente in tutto il territorio italiano: è stato il viaggio più appagante degli ultimi anni. All'inizio della mia carriera, inoltre, ho trascorso centinaia di ore al cinema a guardare film italiani. Insomma, l'Italia per me come artista è una vera fonte d'ispirazione.

Nei tuoi spazi privati hai appeso qualcuno dei tuoi lavori? Se sì, quali?
No, per anni ho tenuto – e cambiato di volta in volta – una delle mie fotografie sulla parete principale del salotto, che si vede entrando. Era un modo per ringraziare la fotografia che mi aveva permesso di comprare quel magnifico appartamento, ma dopo dieci anni ho chiuso con quel tipo di stati d'animo. Ora mi circondo delle opere d'arte dei miei colleghi e di altri artisti.

Collezioni un artista in particolare? Se sì, puoi dirci di chi si tratta?
Dal 1993 raccolgo pezzi minuscoli: mi piace collezionare stampe vintage di Araki (polaroid), Weegee, Mouliner, Corbijn, van Lamsweerde e un LaChapelle agli inizi.

Qualche domanda curiosa:
il tuo colore preferito:
il blu

il tuo numero preferito:
l'1

il tuo cibo preferito:
la cucina mediterranea

il libro che suggeriresti:
Cloud Atlas di David Mitchell

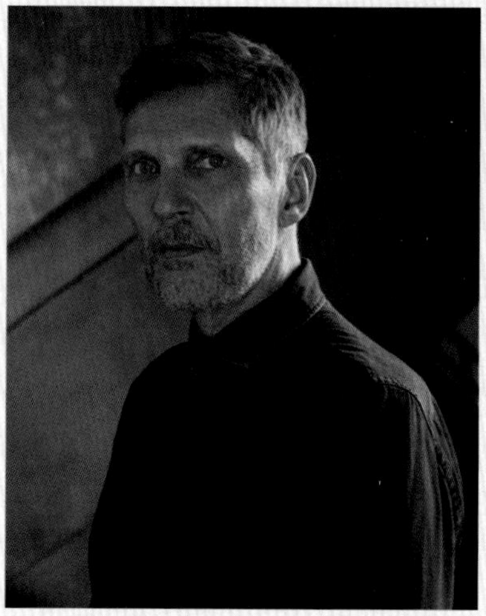

il film che suggeriresti:
Ludwig di Luchino Visconti

il tuo hobby:
osservare la gente e i processi sociali

il tuo sport:
la ginnastica

vacanze al mare o in montagna?
al mare

C'è qualcuno che non hai ancora ringraziato?
Alcune delle mie modelle che mi hanno permesso di realizzare splendide fotografie.

Tra cent'anni come vorresti essere ricordato? Che cosa vorresti fosse scritto sulla tua tomba?
Ma chissenefrega: ci sono 7 miliardi di persone sulla Terra!

La mostra alla Paci Contemporary Gallery è stata concepita come un viaggio attraverso la tua intera produzione, dalle origini ai giorni nostri... Che cosa ne pensi?
Mi piace l'idea che il pubblico italiano abbia un'introduzione completa al mio lavoro. Ho allestito diverse mostre in Italia nel corso della mia carriera, ma sento che ora è arrivato il momento di ri-presentarmi come artista visivo, perché il mio lavoro ha raggiunto una maggiore maturità.

Erwin Olaf.
The Man, the Artist

Who's Erwin Olaf as a man?
Erwin Olaf is a sadder and wiser man, extremely happy looking back at his career and private life.

When and why you realized that you would have been an artist?
Around 1985 when I made my first good pictures in the studio, I decided then that I would be a studio photographer, and said goodbye to the world of pure journalistic photography.

Why did you choose photography?
I was a lousy writer at school of journalism but from the first moment on that the photography teacher pushed a camera in my hand I fell in love with the medium.
Finally I could translate the visual thoughts that I had in mind to pictures.

Is there any great master that has been an "inspiration source" for you?
Not any but many.
First many photographers like Helmut Newton, Robert Mapplethorpe, Richard Avedon, Witkin, and Horst P. Horst.
But also arstis like Rauschenberg, Rothko and Rockwell, directors like Pasolini, Fellini and Visconti.

Why did you conceived your production as subdivided into different series?
When I made my first series in 1988, *Chessmen*, I discovered I could address different kind of big emotions in different pictures that automaticly grouped together as a series. Together they showed a certain part of my character and opinions.

If you were an art critic, what would you write on your own work?
An artist that started with a big mouth fed by his insecurities, slowly evolved into a mature artist reflecting peace on his own life and the world around him.

If a little boy would ask you why in your works there's never a child smiling, what would you reply?
Because the more I see and the more I work with younger children the more I discover how mature/intelligent they are as persons and as actors in my photographs. With some of them it feels like already they carry all the burdens of the future ahead of them on their shoulders. This emotion is more interesting to me as a visual artist to work with than that a happy smile.

Do you like Italy?
Yes, I love Italy, it is so beautiful and full of culture. On my recent trip back to Florence and Venice I realised (biennale and Oviesse) and the world of old art I found the combination of modern art combined with the history of art that is all over Italy the most rewarding trip in recent years. Besides that, at the start of my career, I spend 100s of hours watching Italian movies in the cinema. Altogether, Italy is very inspirational for me as an artist.

At your place have you hang any of your works? If yes, which one?
No, for years I had 1 changing picture at the main wall that I saw when I entered the living room to thank my photography for t he possibility to buy this beautiful appartment, but after 10 years I was finished with that emotion. Nowadays I am surrounded by arts of my colleagues and painters.

Do you collection other artist? If so, could you tell us a name?
Since 1993 I collect tiny little bits, I like to collect vintage prints which I have of Araki (polaroids) Weegee, Moulinier, Corbijn, van Lamsweerde, and an early LaChapelle.

Some funny questions:
your preferred color
blue

your preferred number
1

your preferred food
Mediterrean food

the book you would suggest
Cloud Atlas by David Mitchell

the movie you would suggest
Ludvig by Visconti

your hobby?
Observing people and their social processes

your sport?
The gym

your recurring dream?
none

holiday at the seaside or at the mountains?
Seaside

The show at Paci contemporary gallery has been conceived as an itinerary through entire production from the early beginning until nowadays... what do you think?
I love to have a proper introduction to the italian people. I have had several exhibitions in Italy throughout my career, but I feel now is the time to re -introduce myself as an visual artist as my work had developed into bigger maturity.

Opere / Works

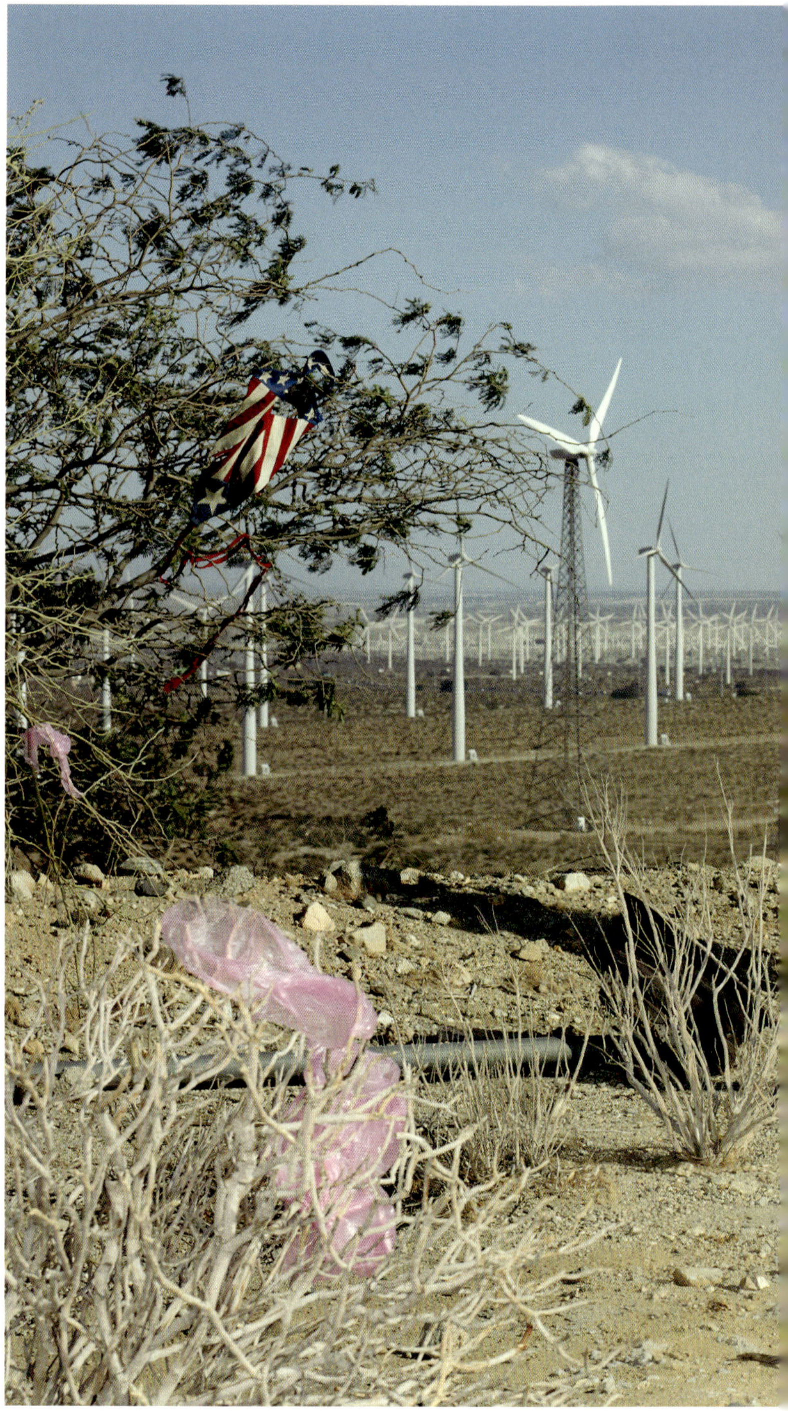

Palm Springs, The Kite, 2018
cm 100 x 177.8 ca.
digital C-Print

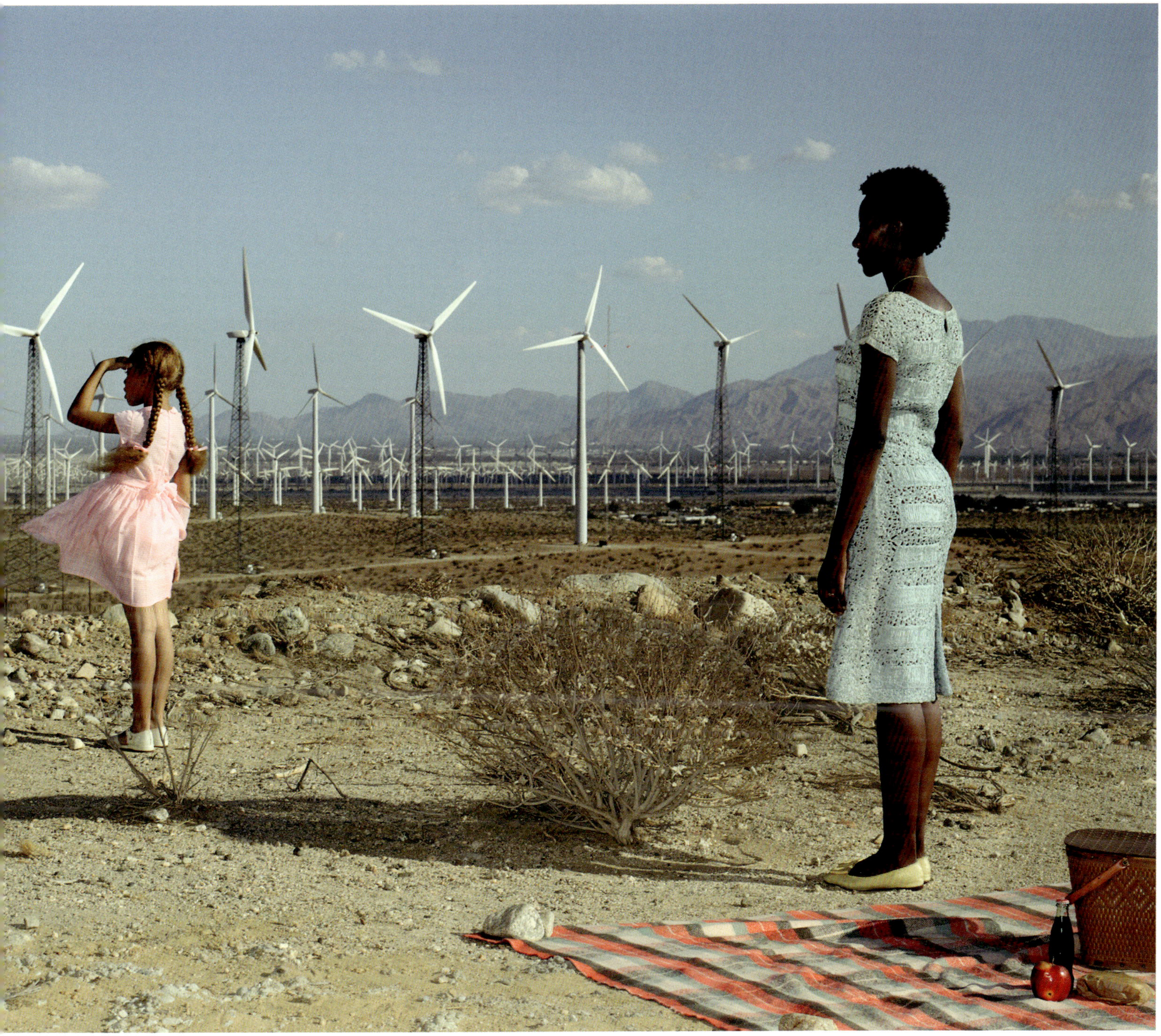

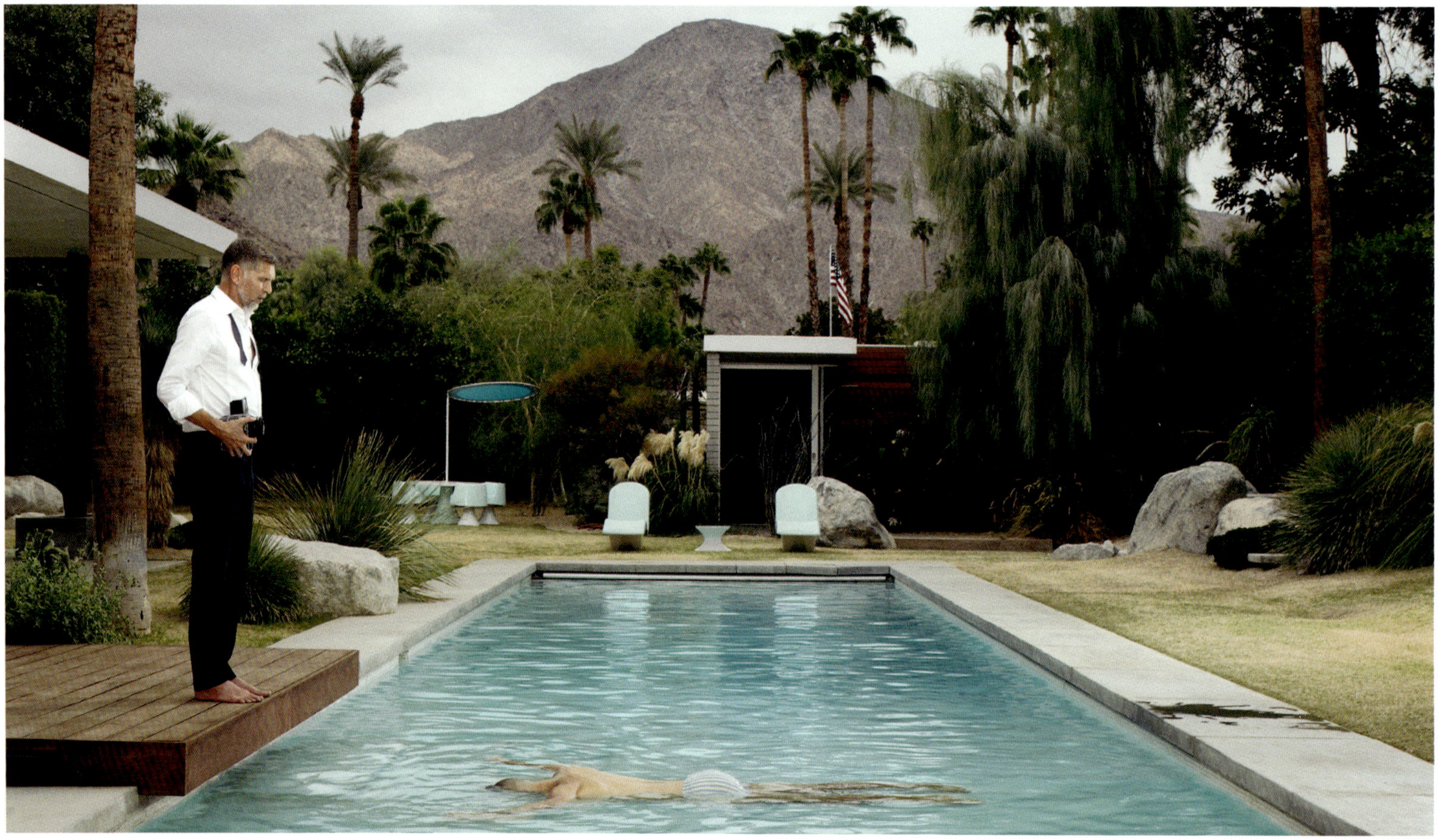

Palm Springs, American Dream - Self-portrait with Alex 2, 2018
cm 100 x 178 ca.
digital C-Print

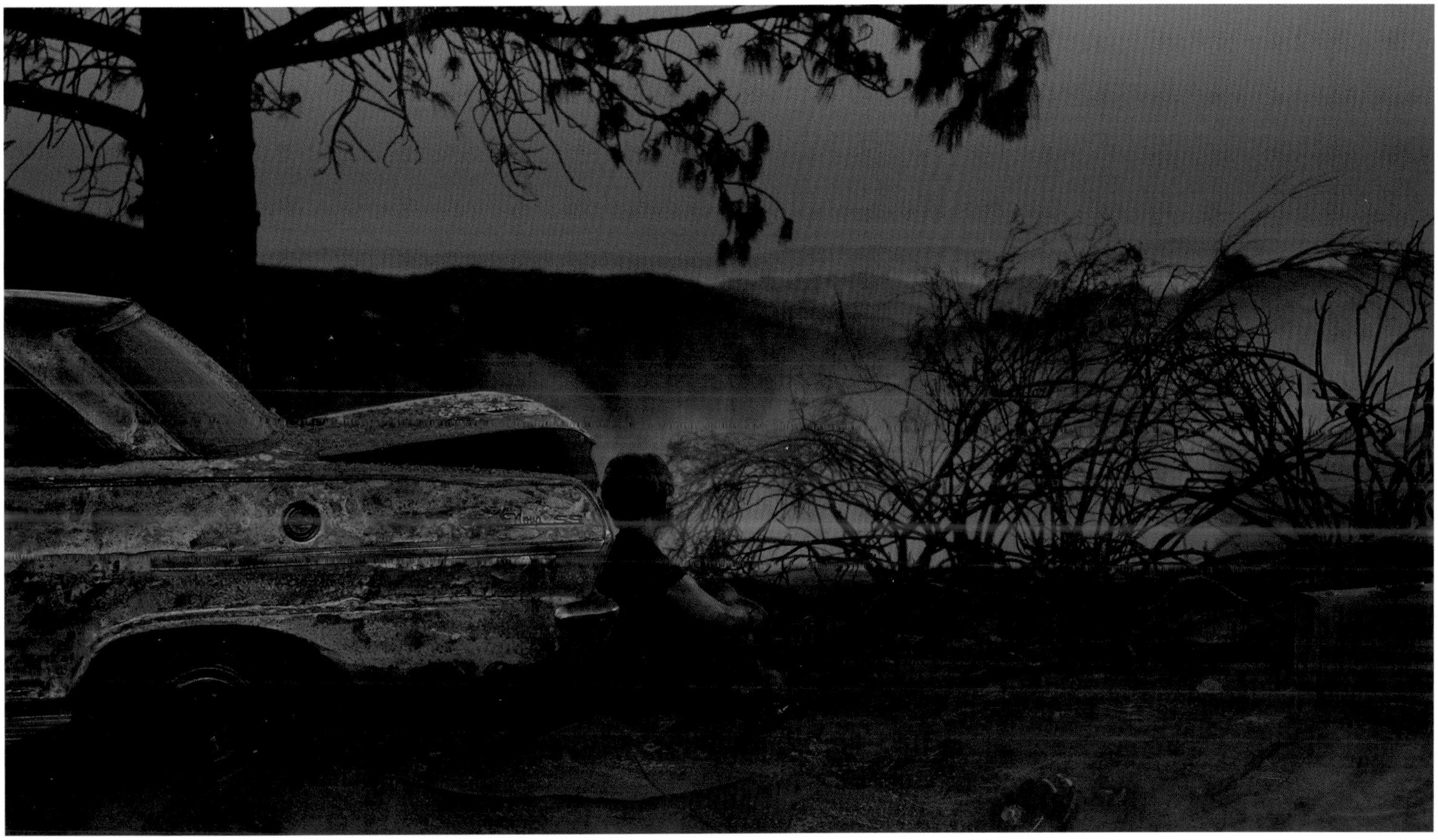

Palm Springs, After the Bushfire, 2018
cm 60 x 106.7 ca.
digital C-Print

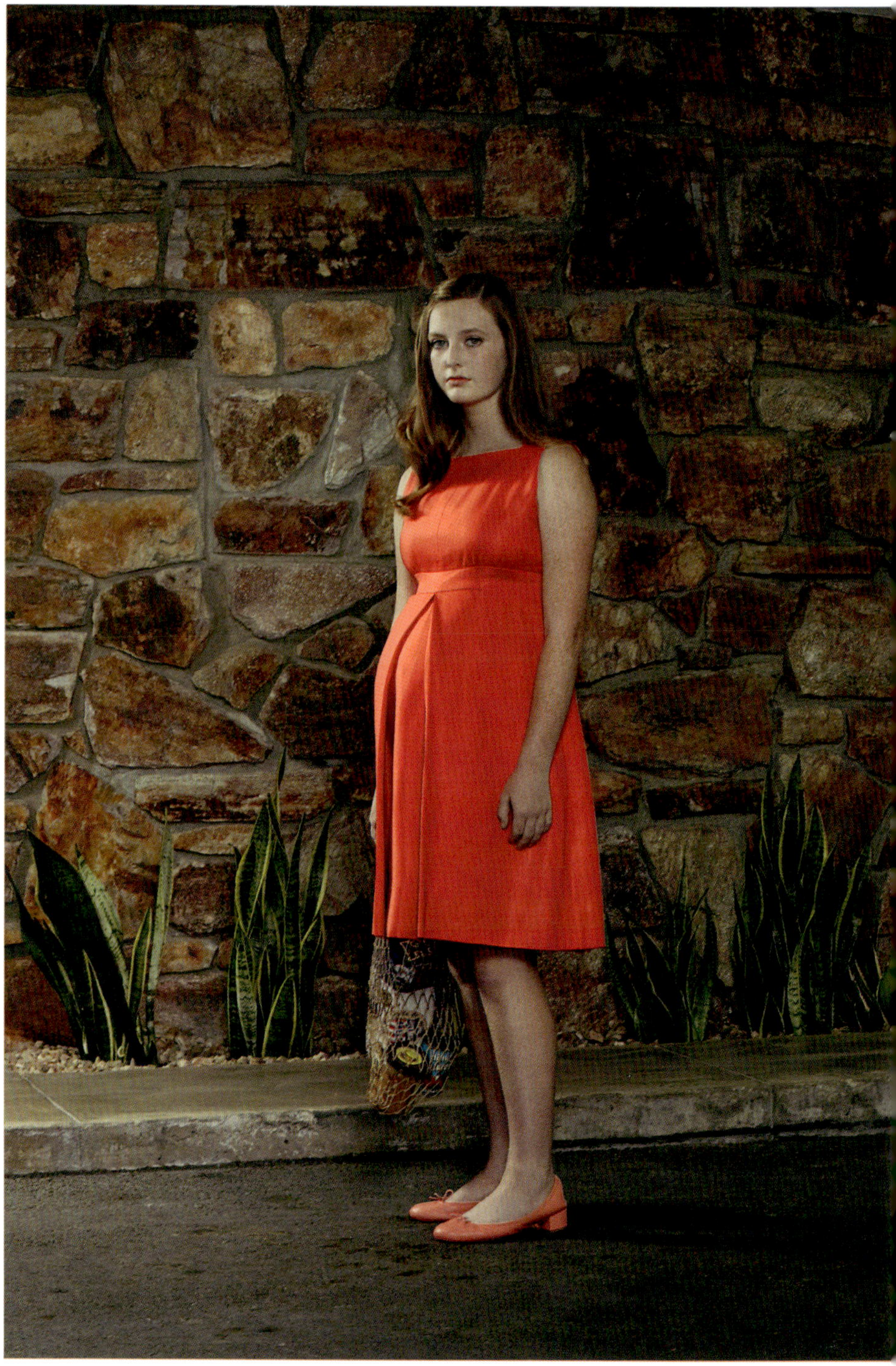

Palm Springs, The Pregnancy, 2018
cm 60 x 106.7 ca.
digital C-Print

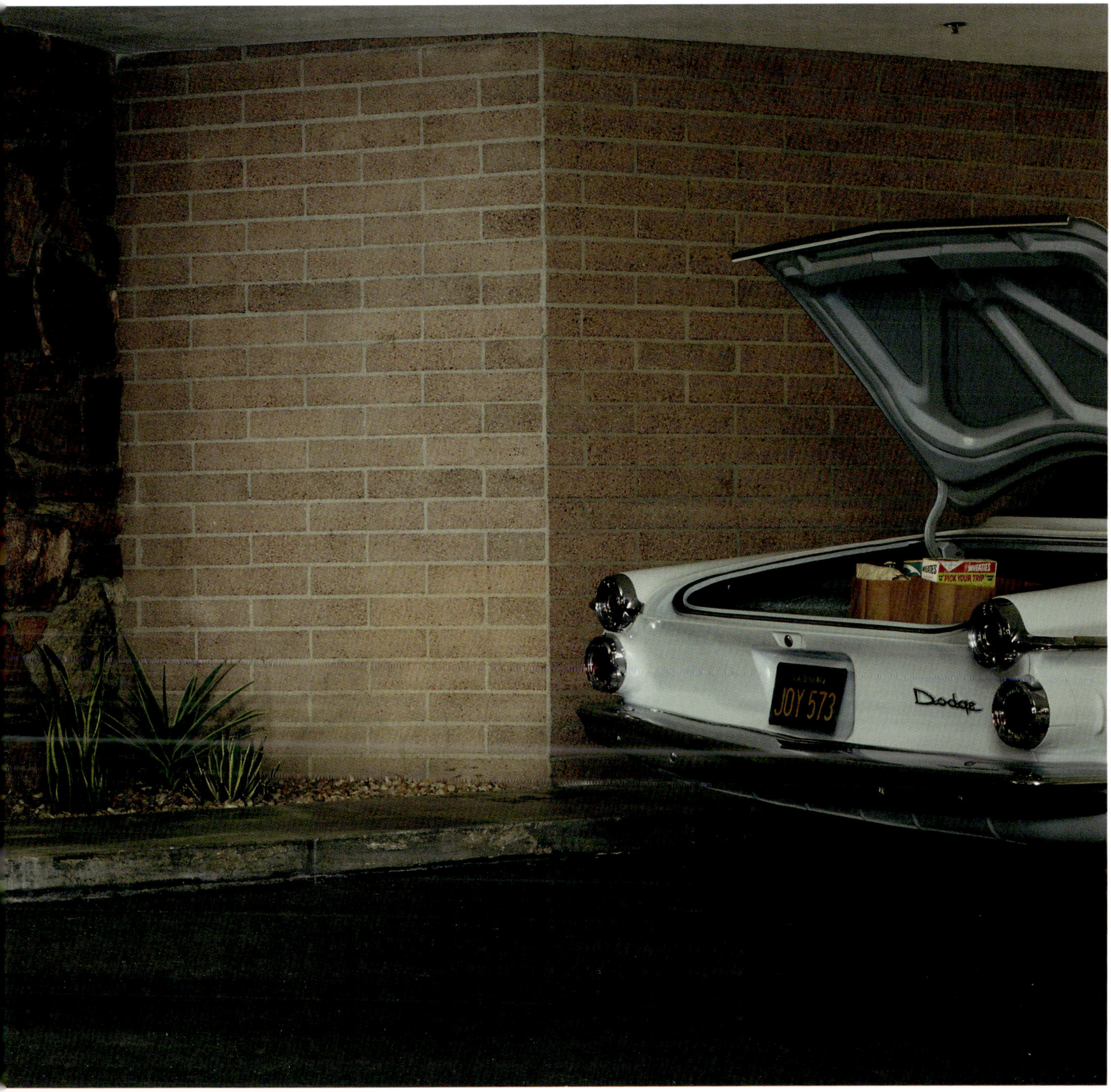
WHEATIES
PICK YOUR TRIP
JOY 573
Dodge

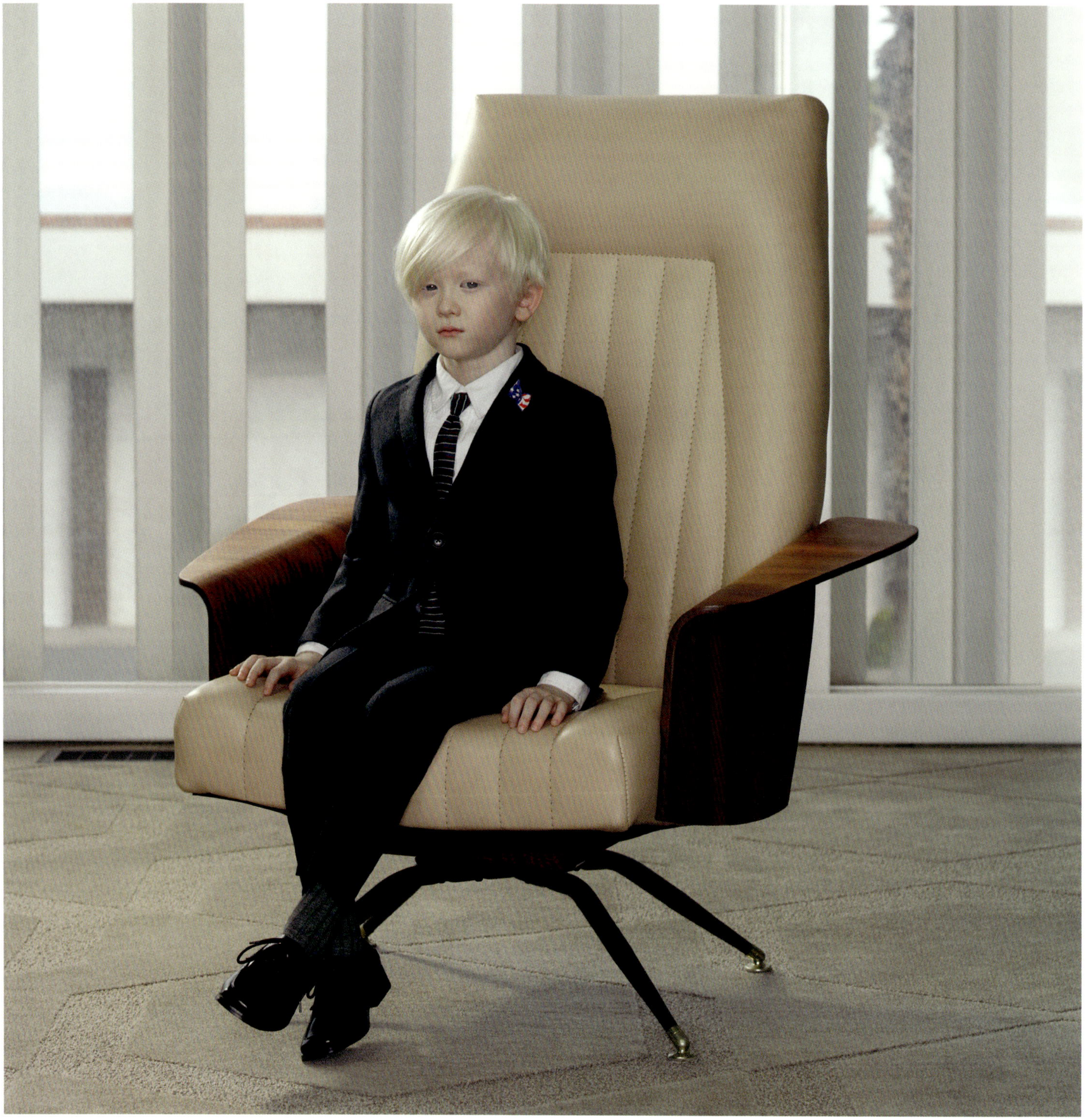

Palm Springs, The Bank - The Successor, 2018
cm 60 x 60 ca.
digital C-Print

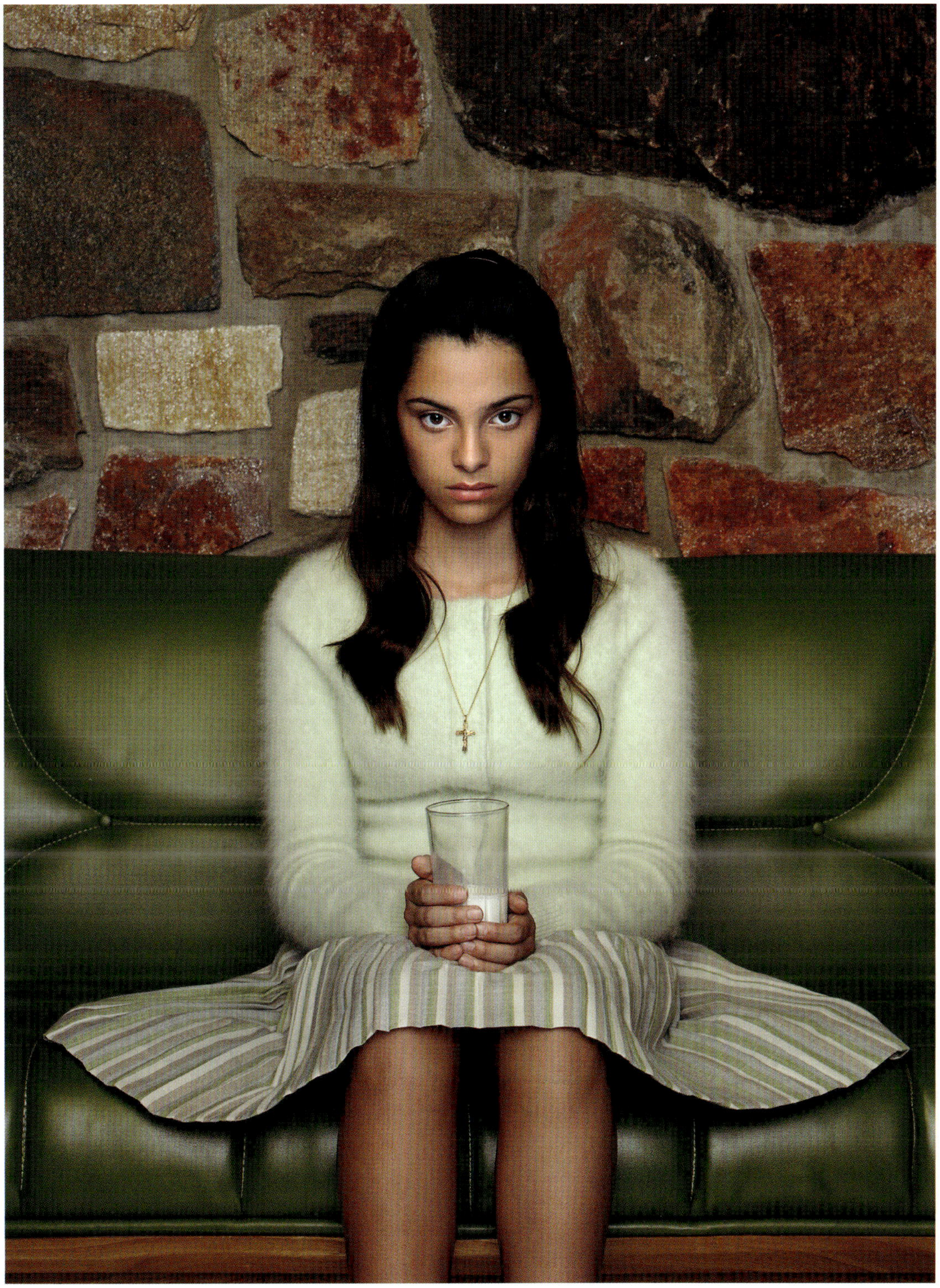

Palm Springs, The Family Visit - The Niece, 2018
cm 75 x 56.4 ca.
digital C-Print

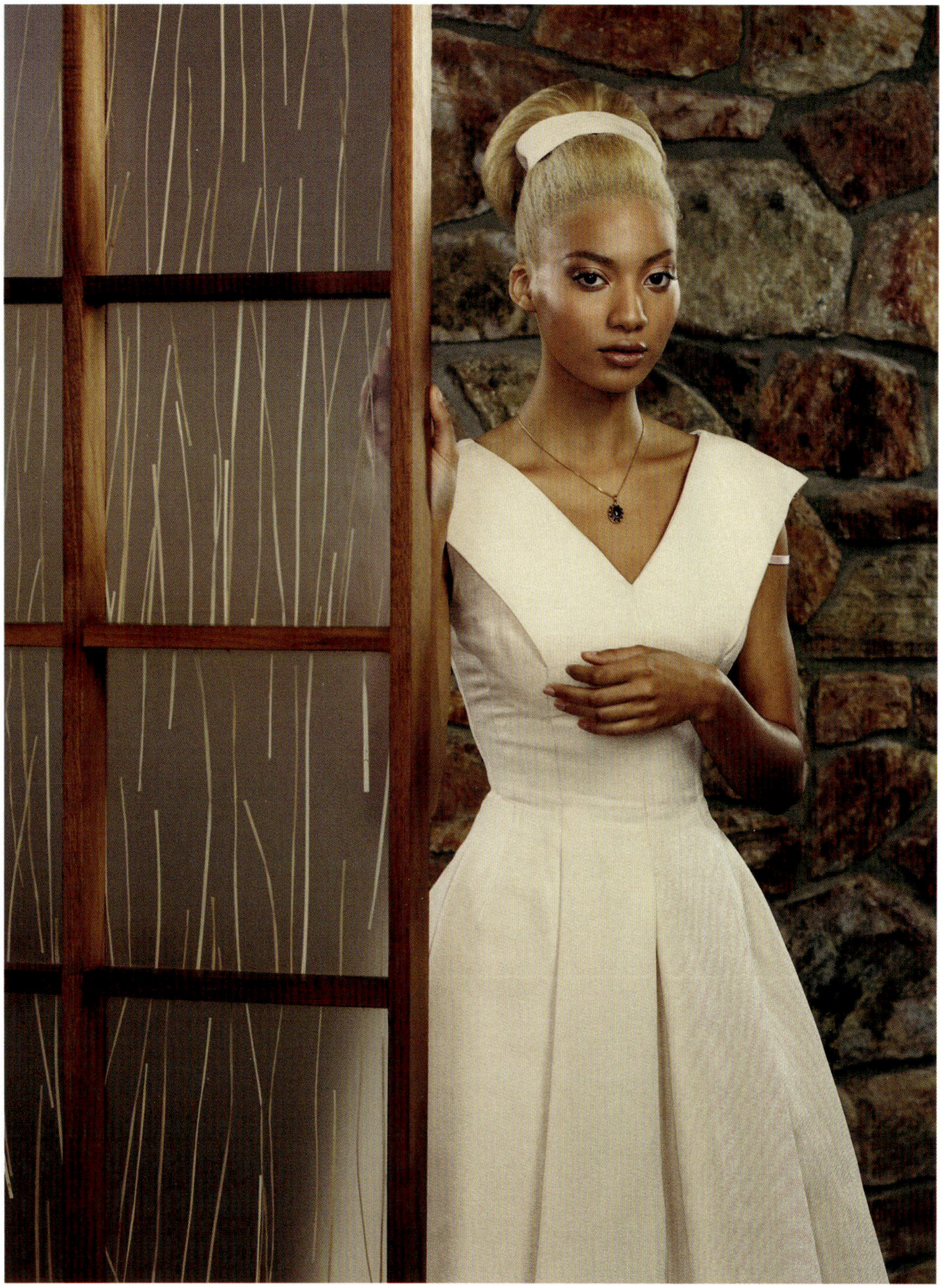

Palm Springs, The Bank - The Secretay, 2018
cm 75 x 56.4 ca.
digital C-Print

Palm Springs, The Pregnancy - The Brother, 2018
cm 75 x 56.4 ca.
digital C-Print

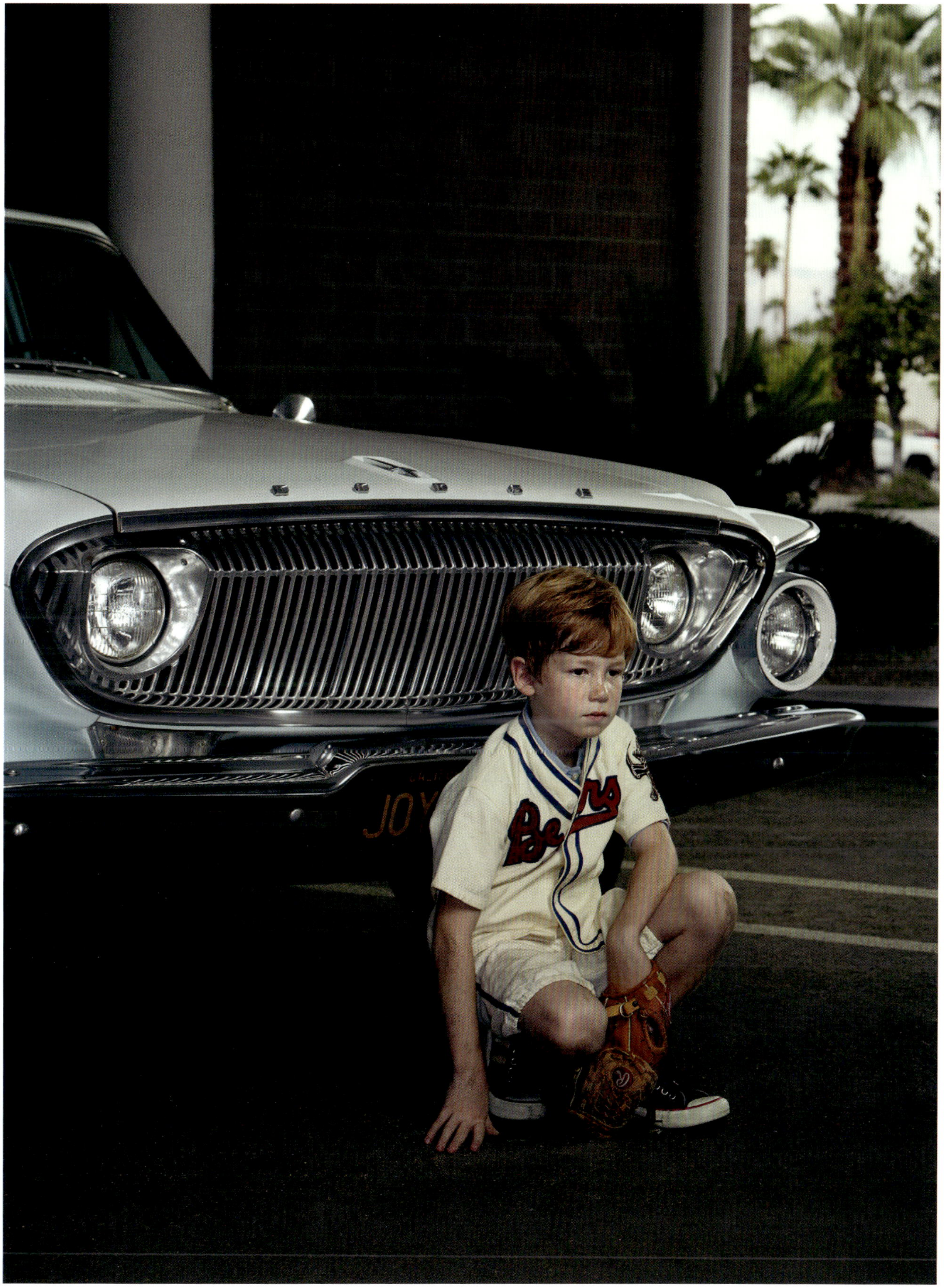

Indochine, Marie, 2017
cm 70 x 93 ca.
digital C-Print

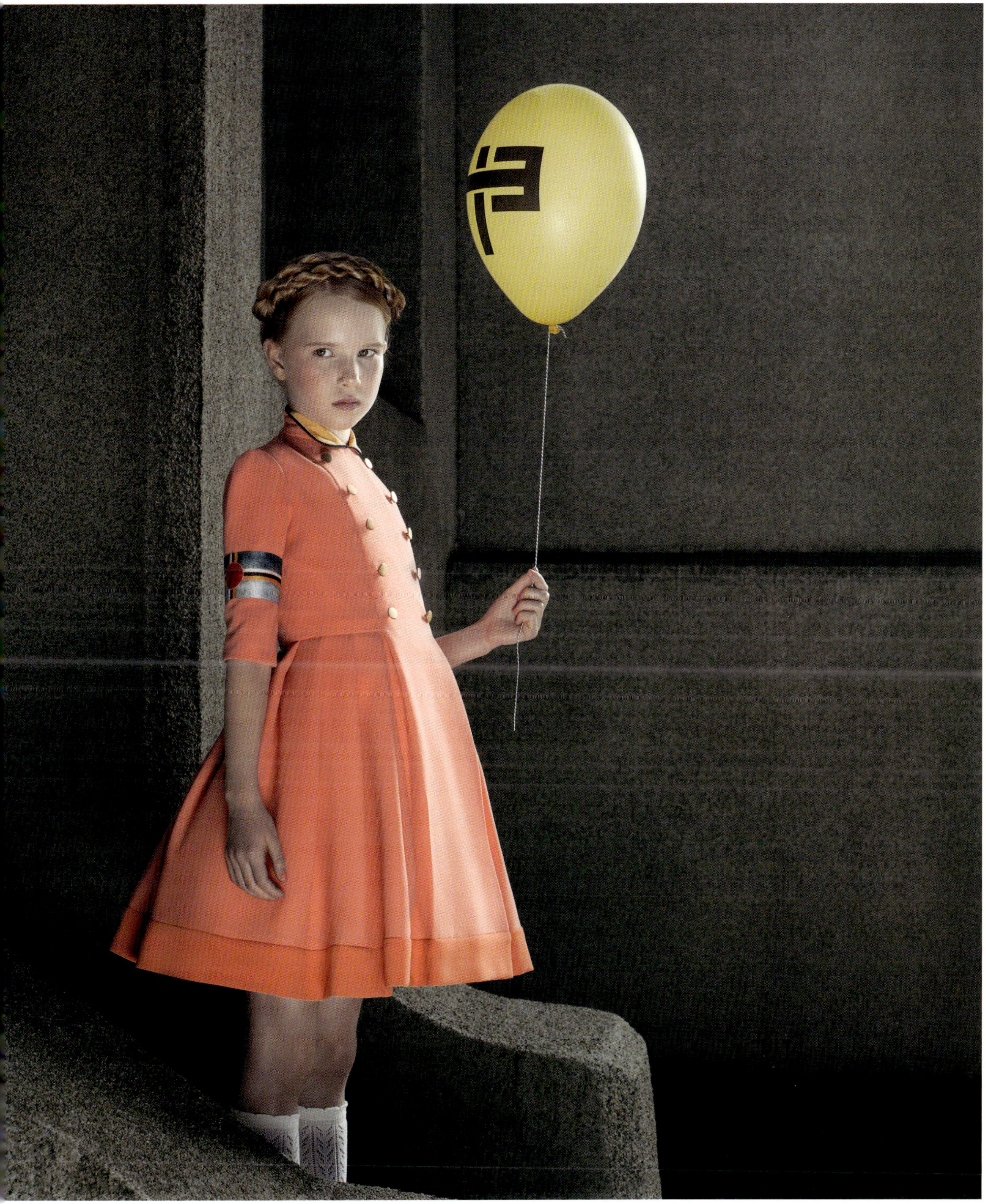

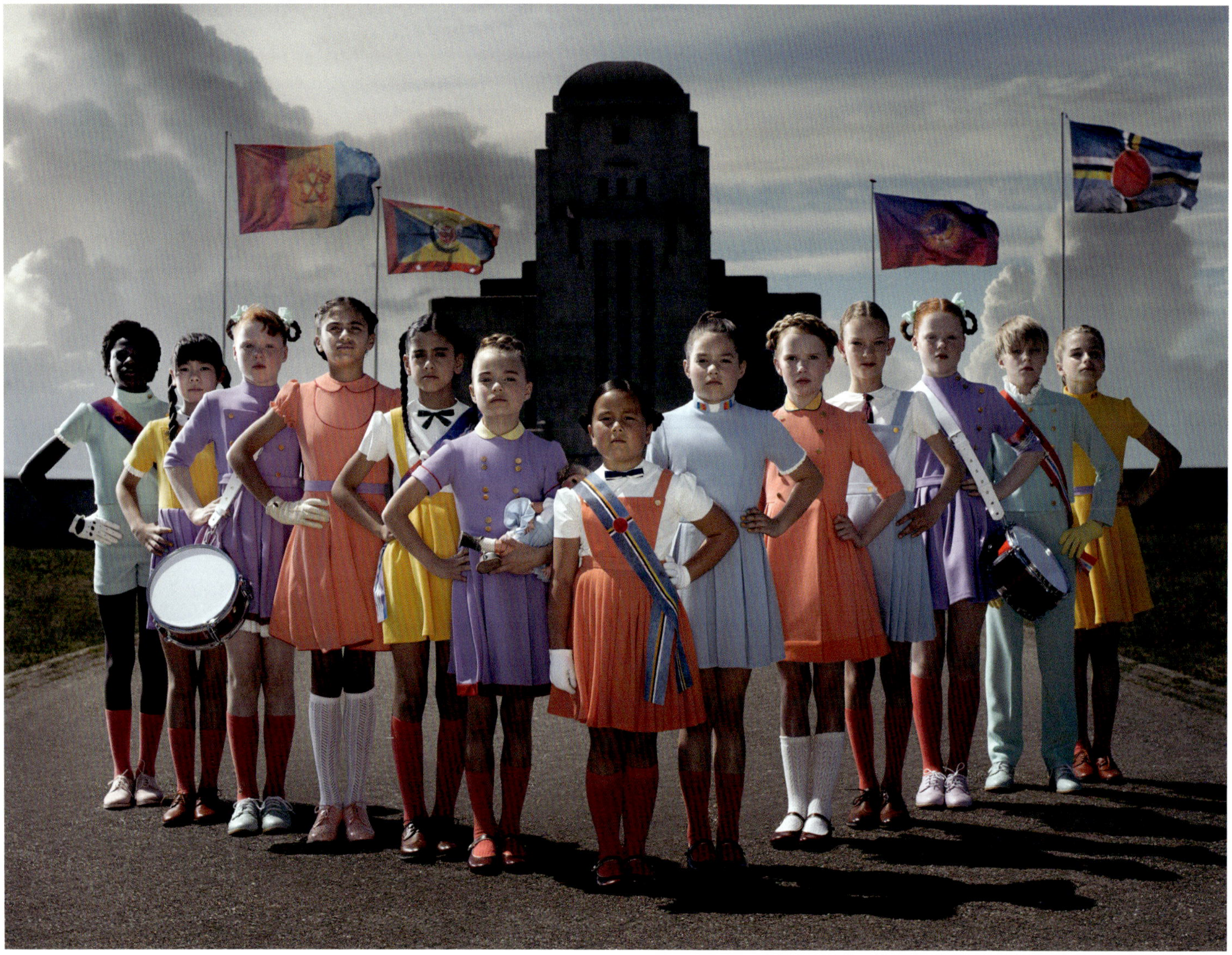

Indochine, Group Portrait 1, 2017
cm 70 x 93 ca.
digital C-Print

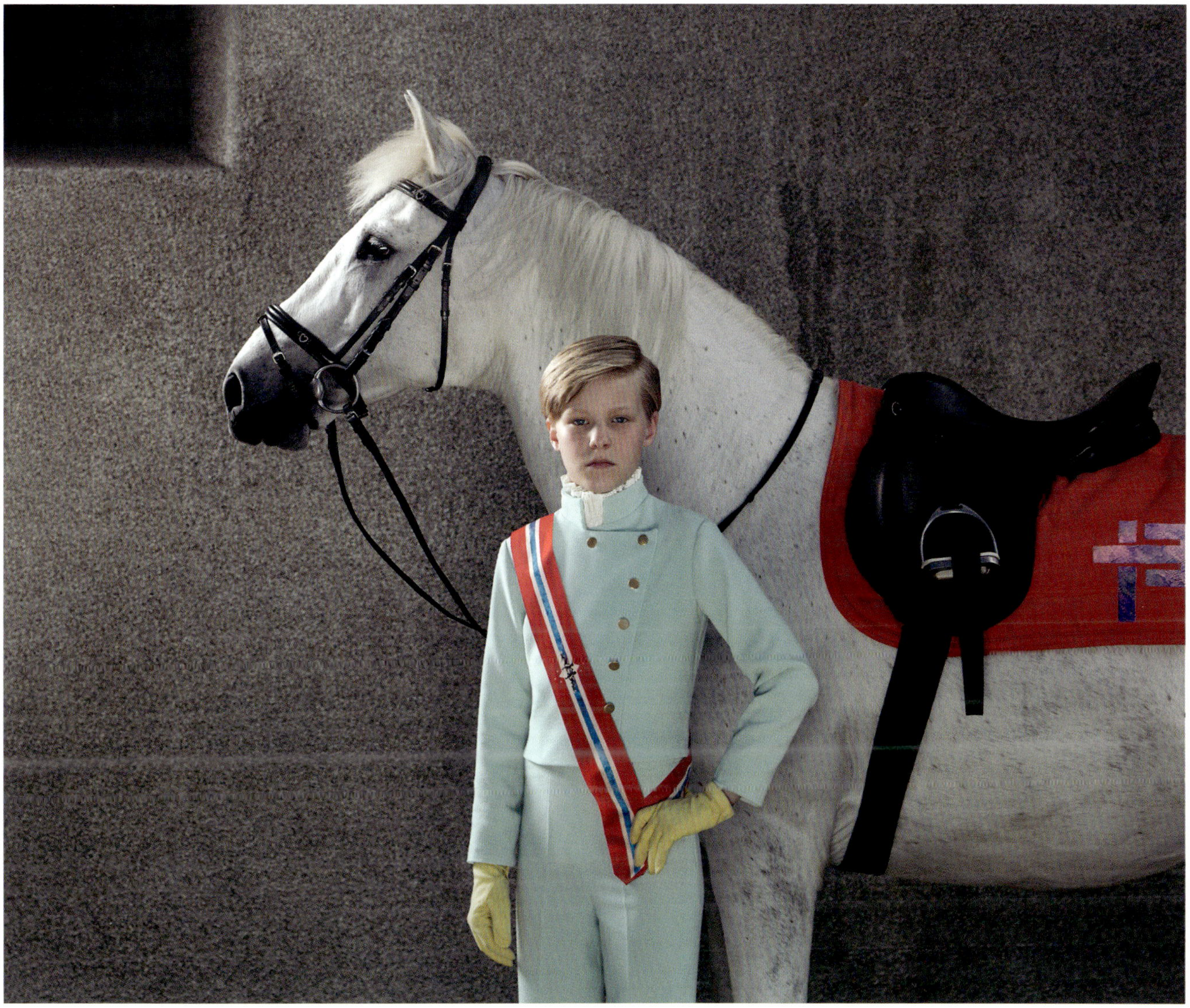

Indochine, Lois, 2017
cm 70 x 85.3 ca.
digital C-Print

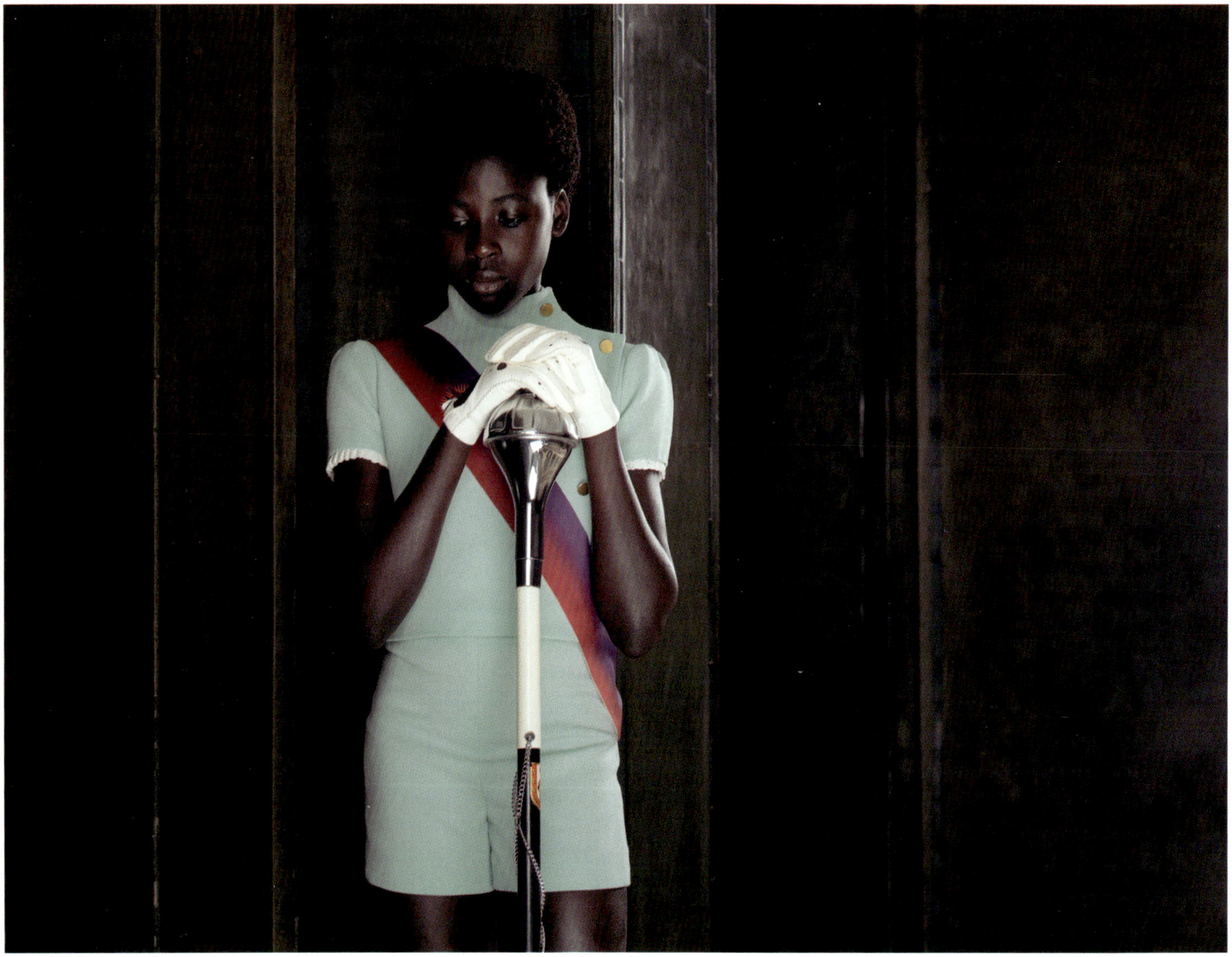

Indochine, Cecile, 2017
cm 70 x 85.3 ca.
digital C-Print

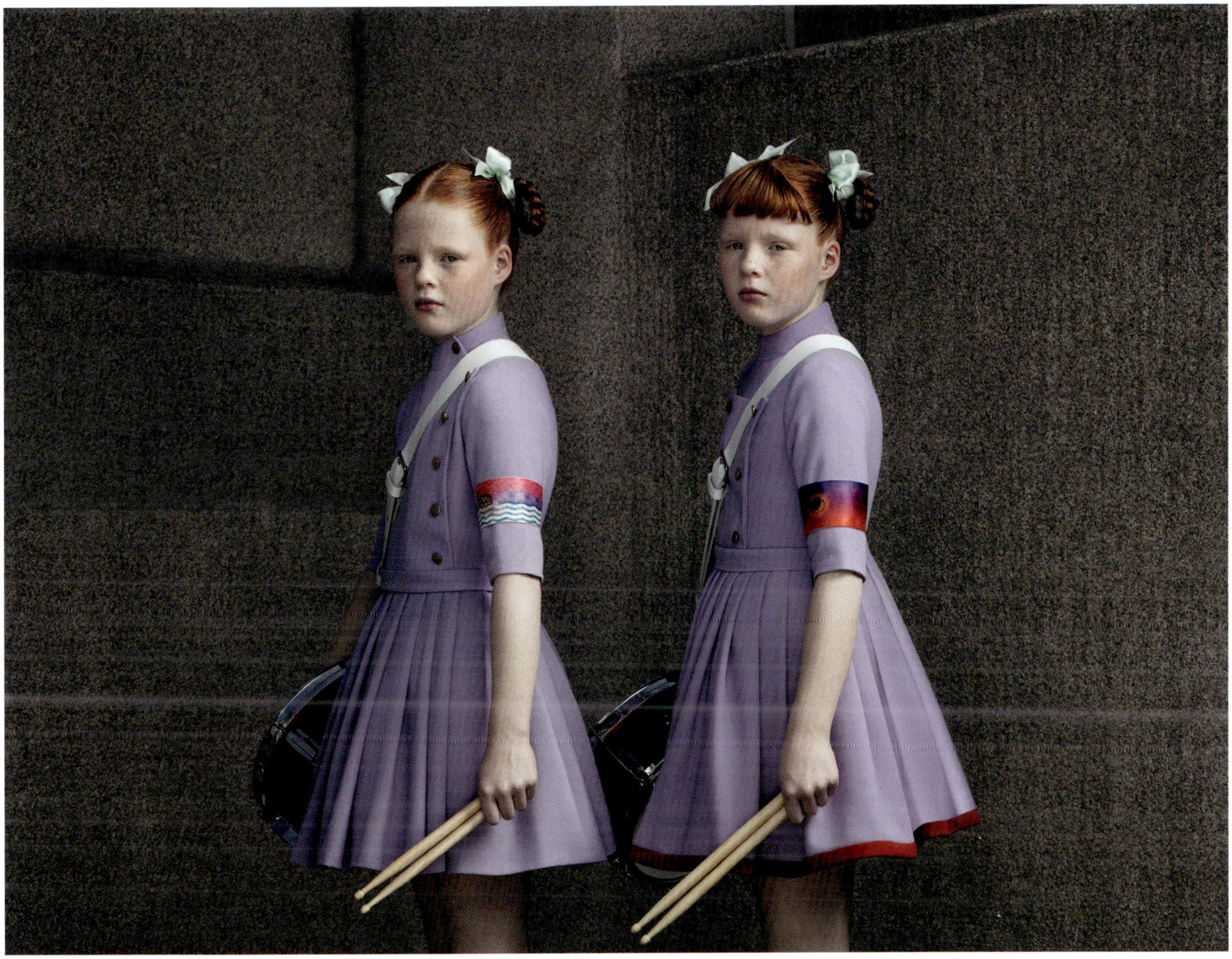

Indochine, Tess & Lisa 02, 2017
cm 60 x 80 ca.
digital C-Print

Indochine, Parel, 2017
cm 70 x 127 ca.
digital C-Print

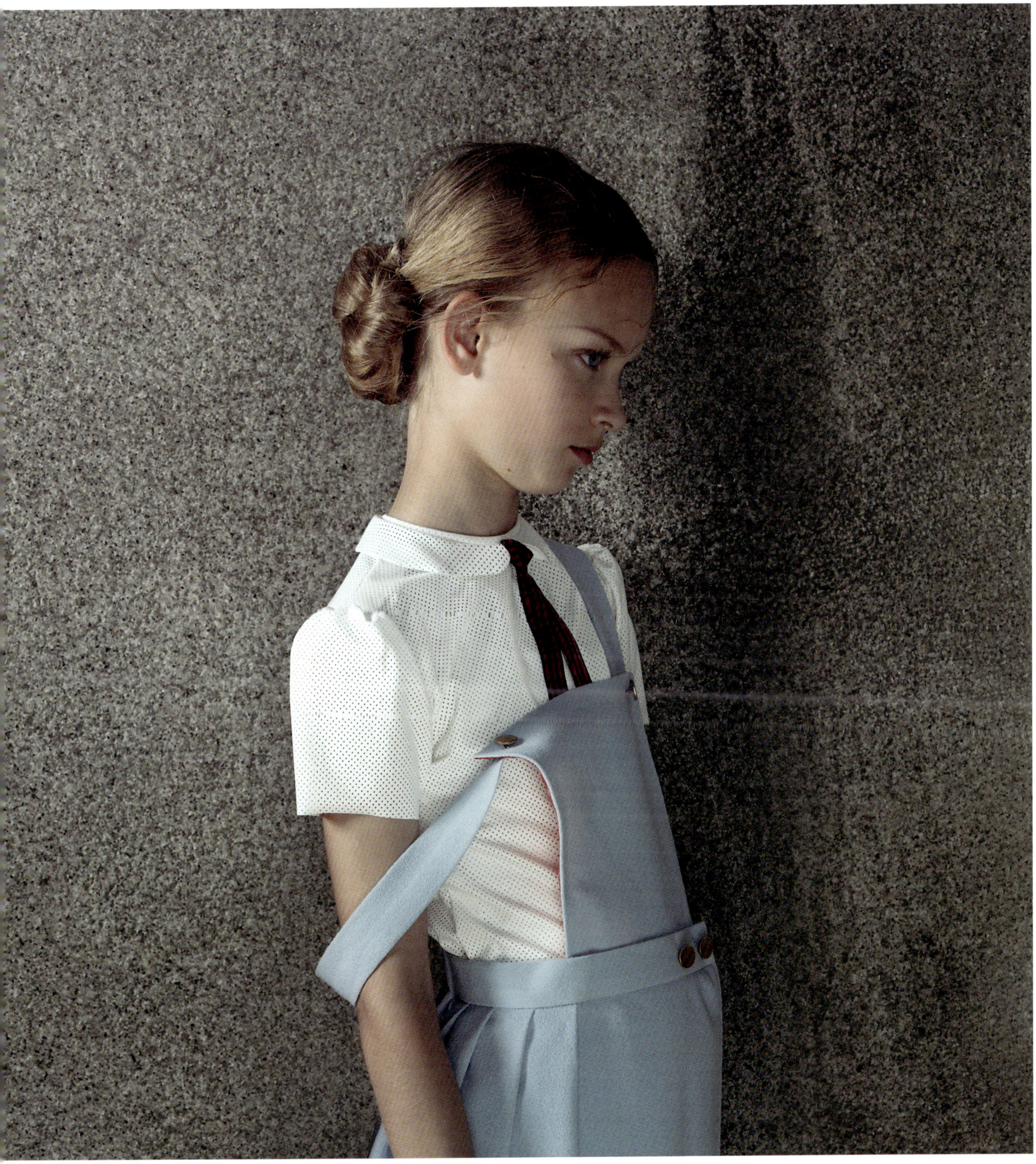

Shanghai, Du Mansion - Portrait 01, 2017
cm 75 x 56 ca.
digital C-Print

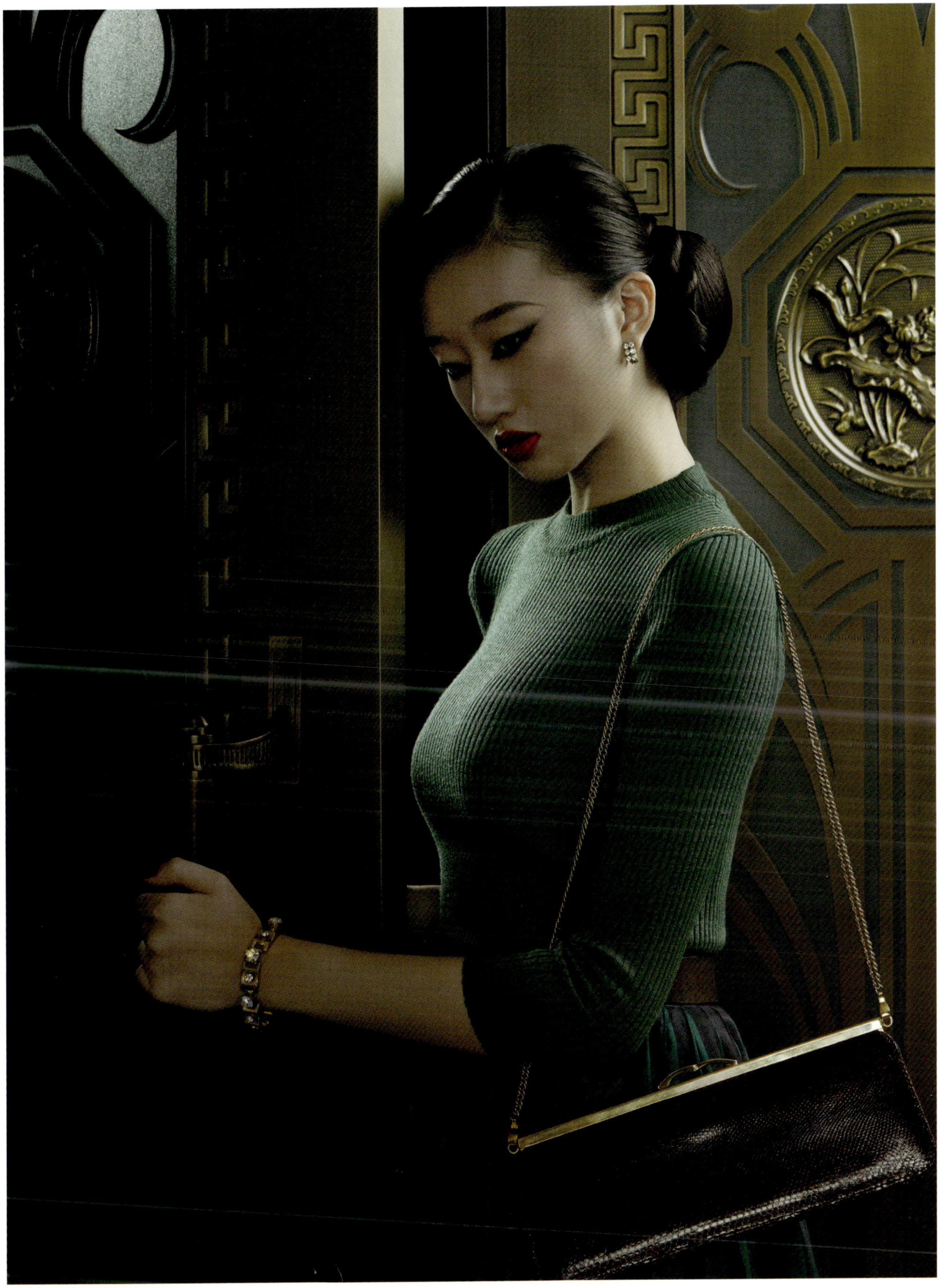

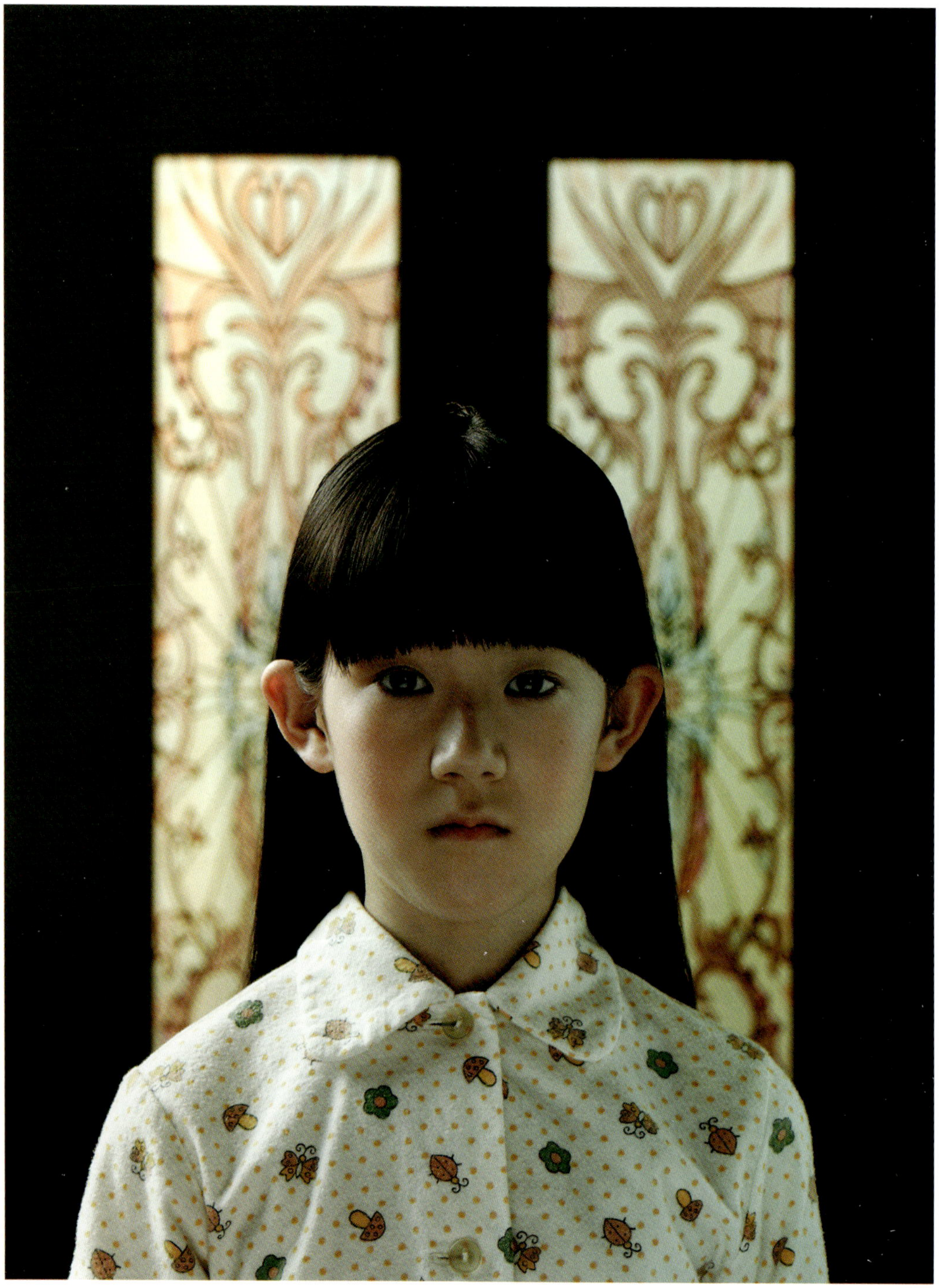

Shanghai, Fu 1088 - The Child, 2017
cm 75 x 56 ca.
digital C-Print

Shanghai, Huai Hai 116 - Portrait 01, 2017
cm 75 x 56 ca.
digital C-Print

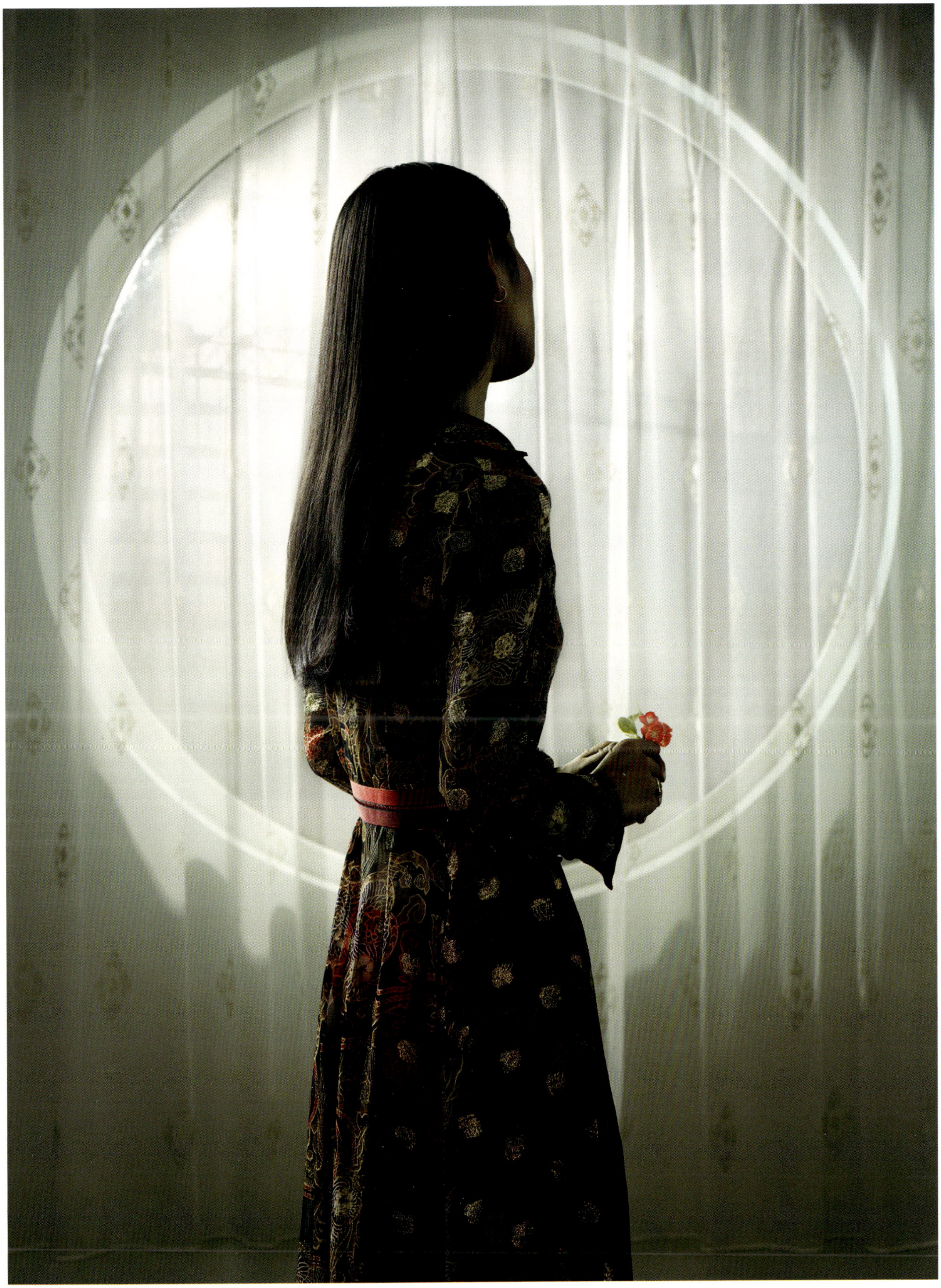

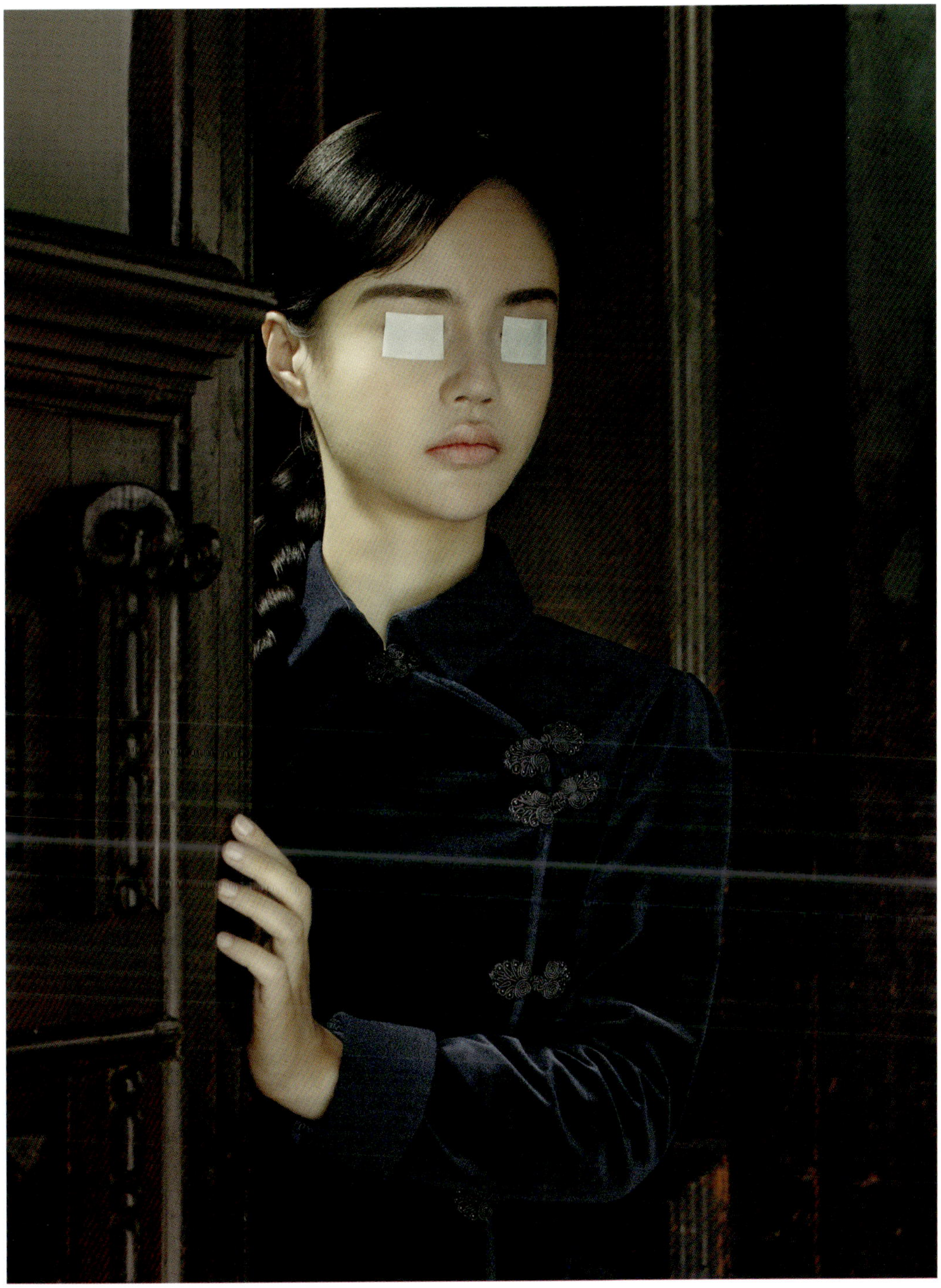

Shanghai, Fu 1088 - Portrait 03, 2017
cm 75 x 56 ca.
digital C-Print

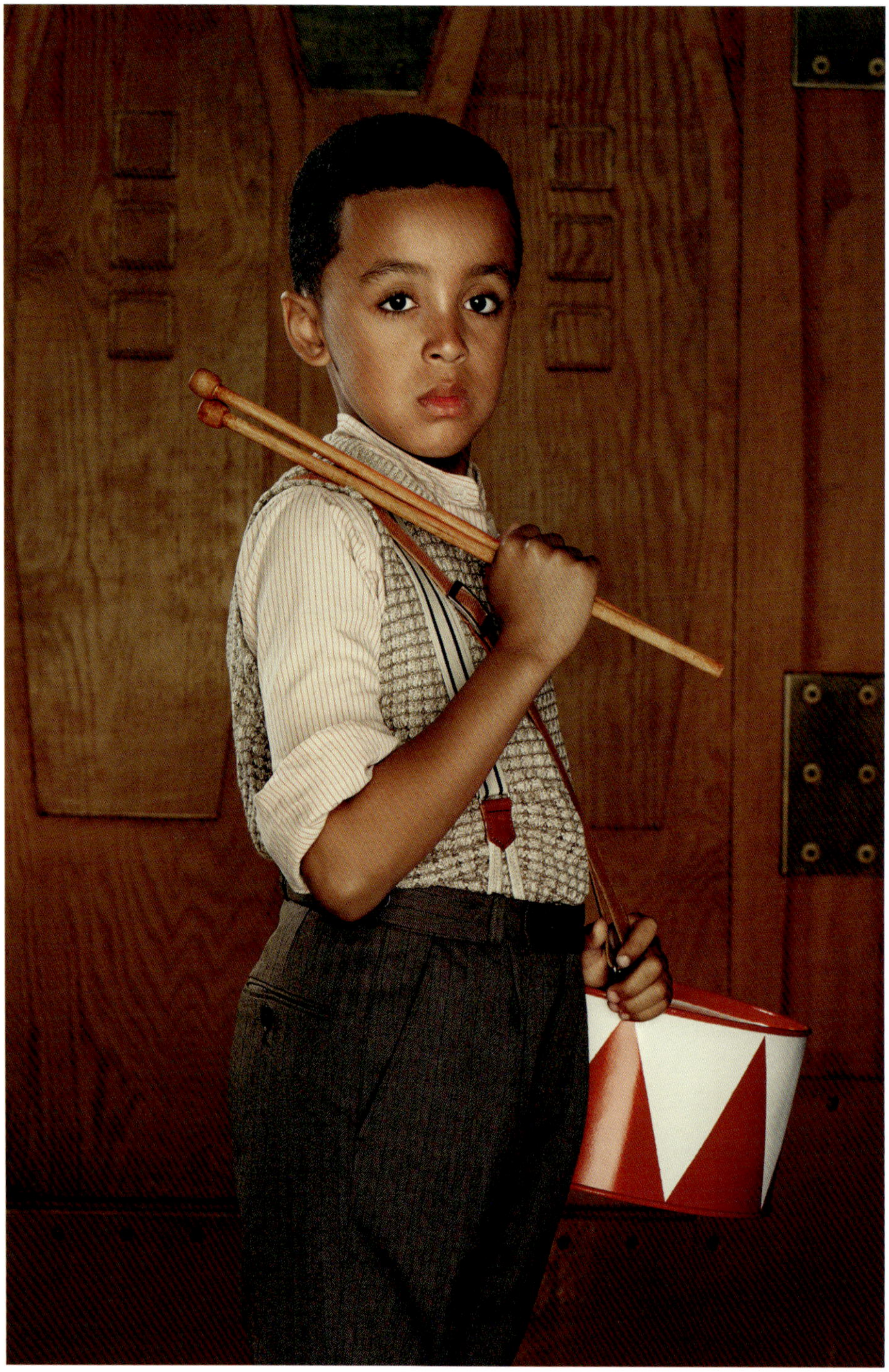

Hamburg, Fünf neue Märchen
Das wunder von Bern trifft Die Blechtrommel inmitten von 99 Luftballons - Portrait 01, 2014
cm 60 x 90 ca.
chromogenic print

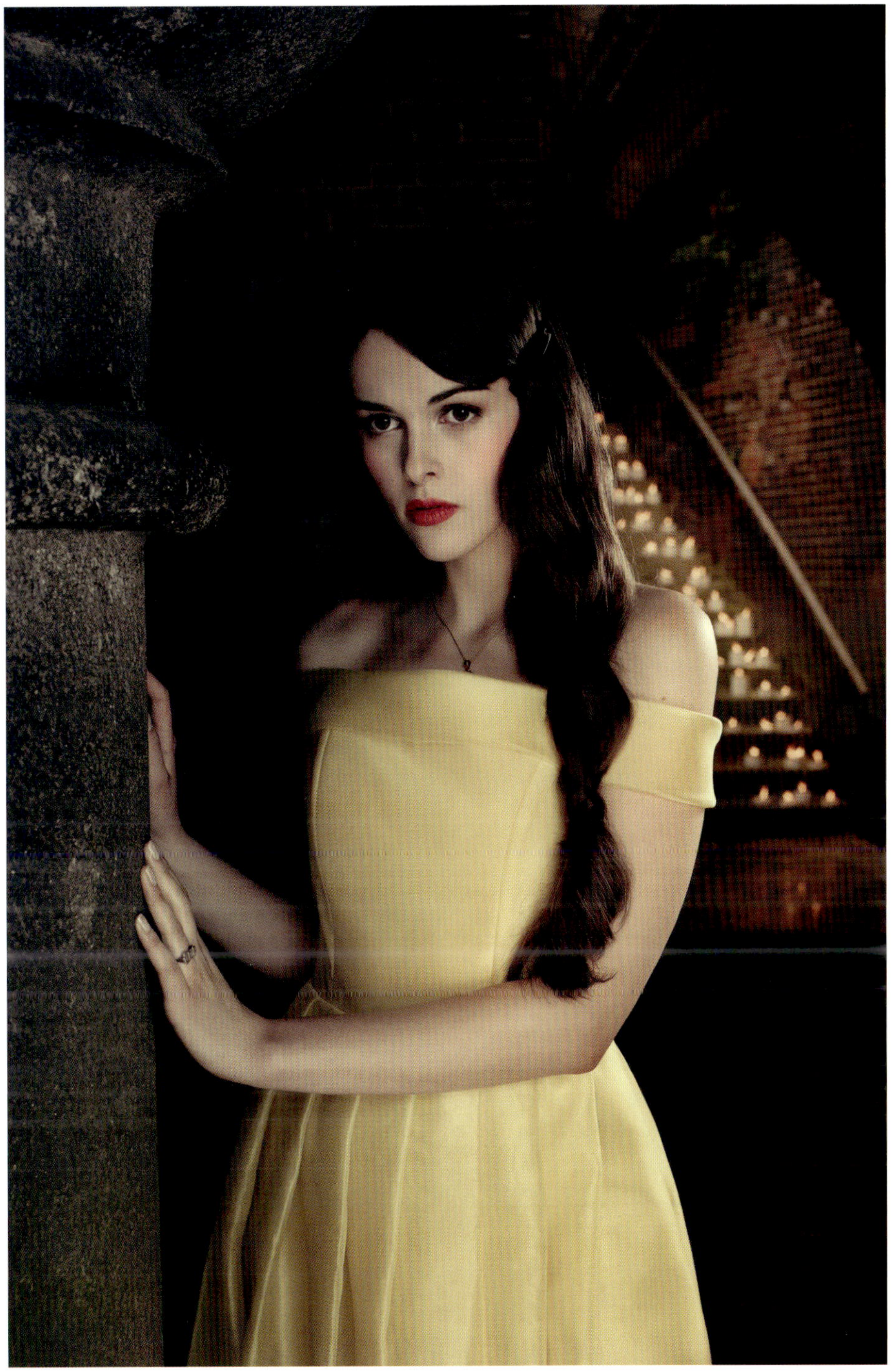

Hamburg, Fünf neue Märchen, Das Phantom der Oper trifft den Froschkönig - Portrait 01, 2014
cm 60 x 90 ca.
chromogenic print

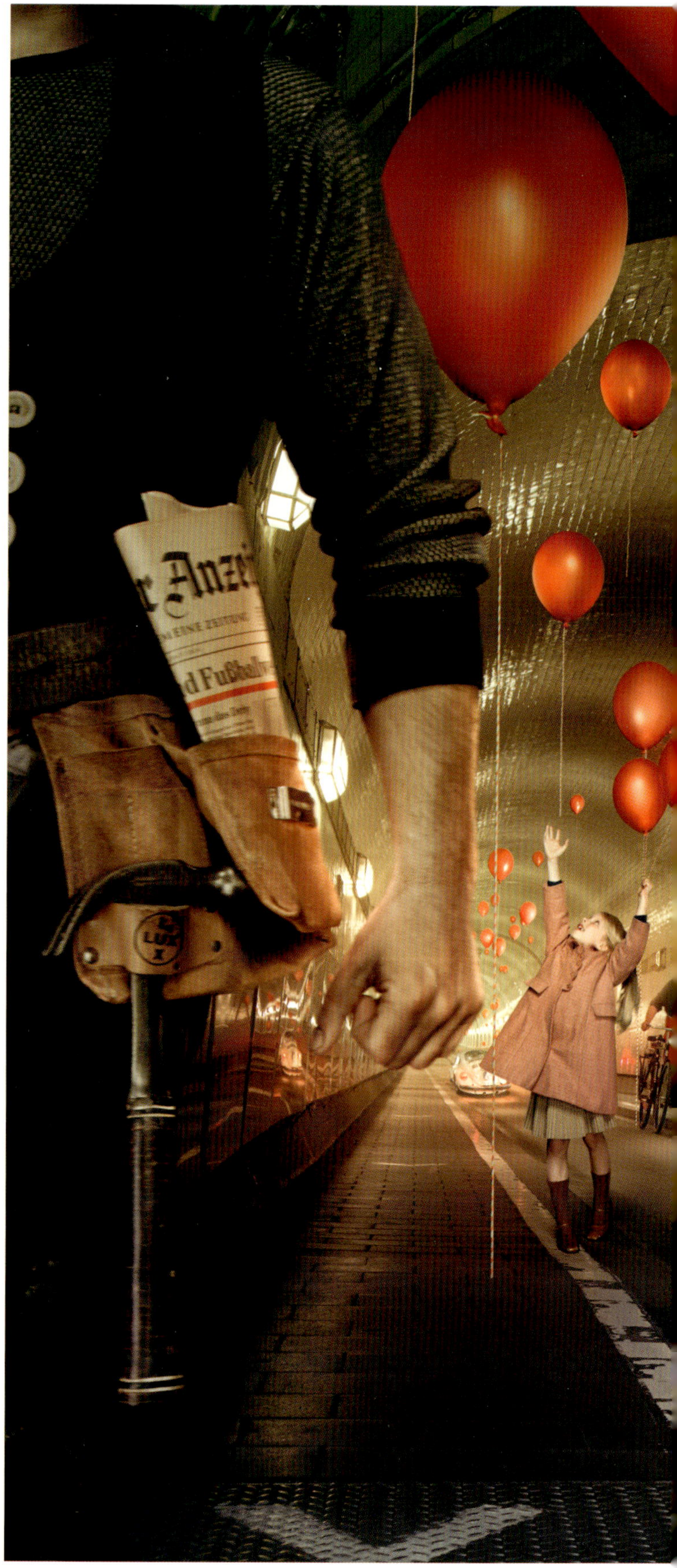

Hamburg, Fünf neue Märchen, Das Wunder von Bern trifft Die Blechtrommel inmitten von 99 Luftballons - Alter Elbtunnel, 2014
cm 90 x 120 ca.
chromogenic print

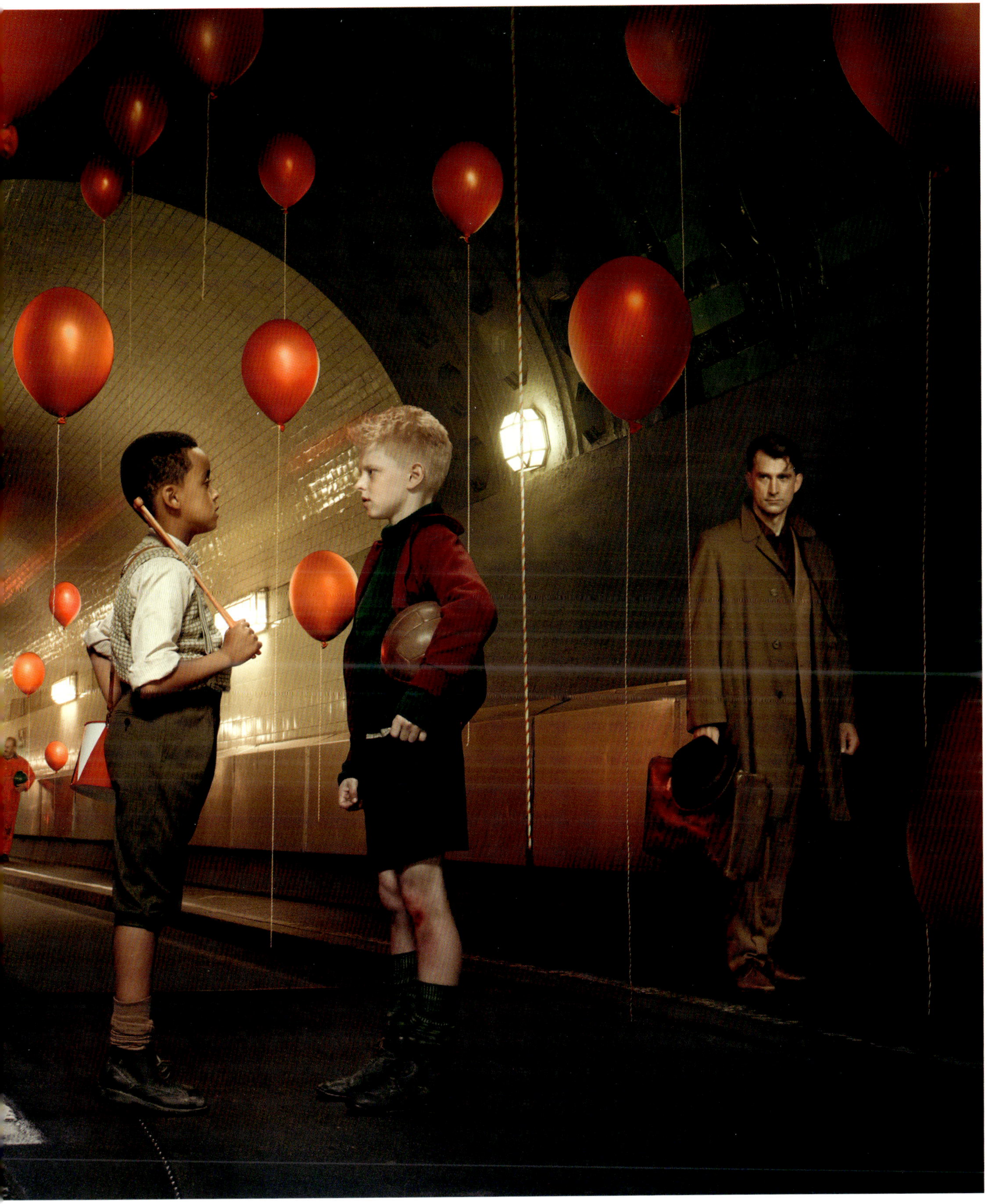

Keyhole, Keyhole #11, 2012
cm 84 x 113 ca.
digital C-Print

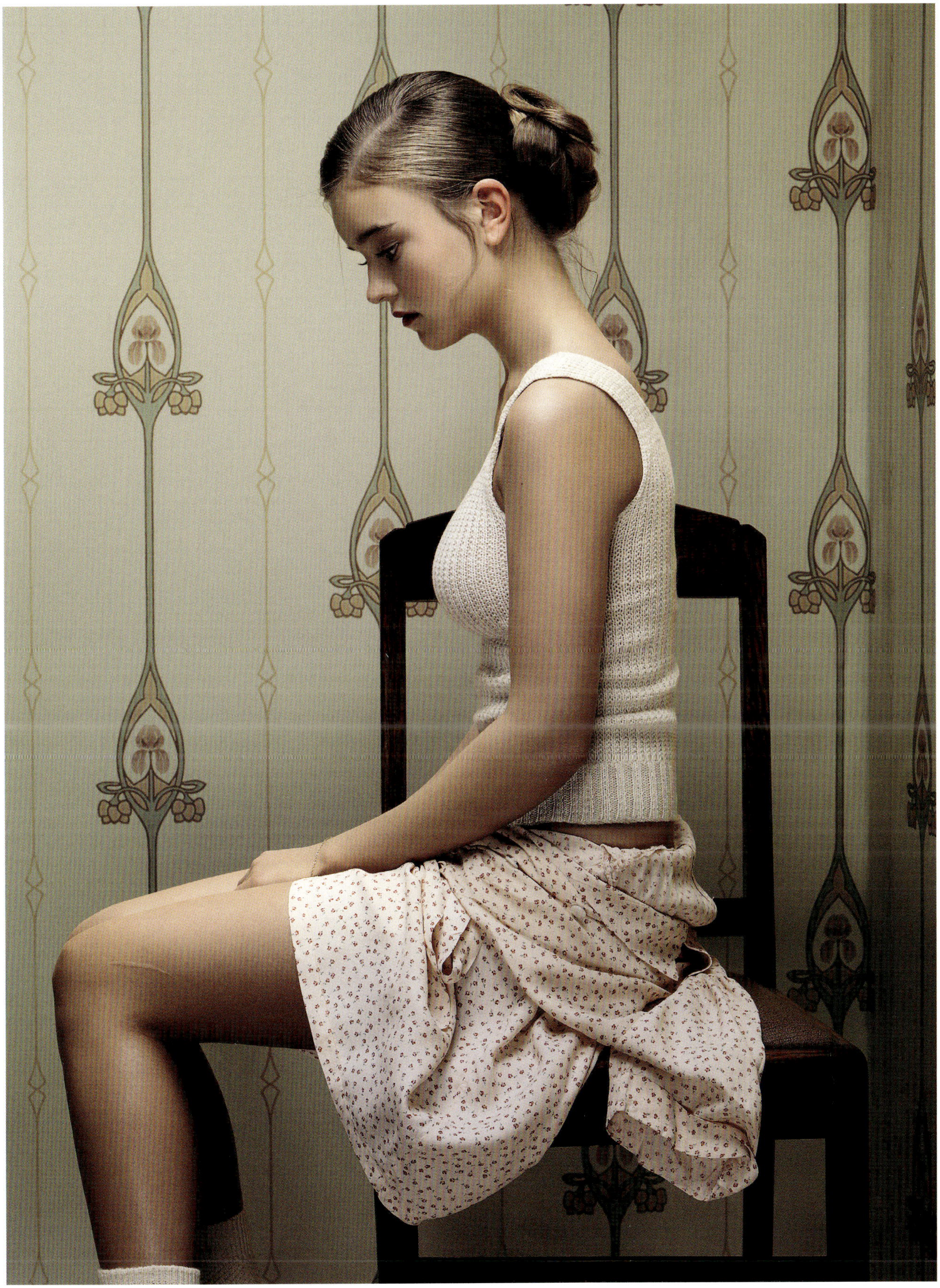

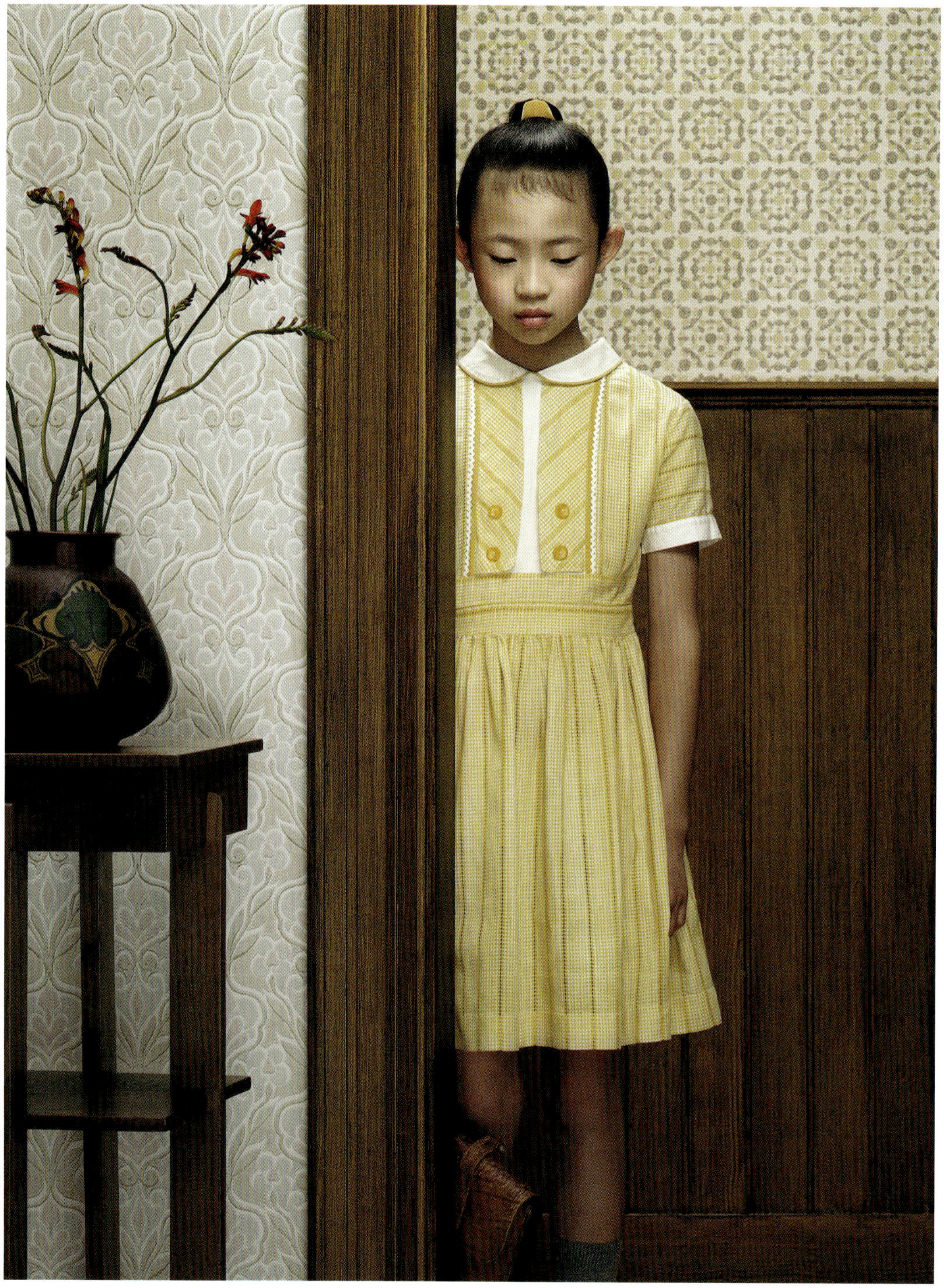

Keyhole, Keyhole #12, 2013
cm 84 x 113 ca.
digital C-Print

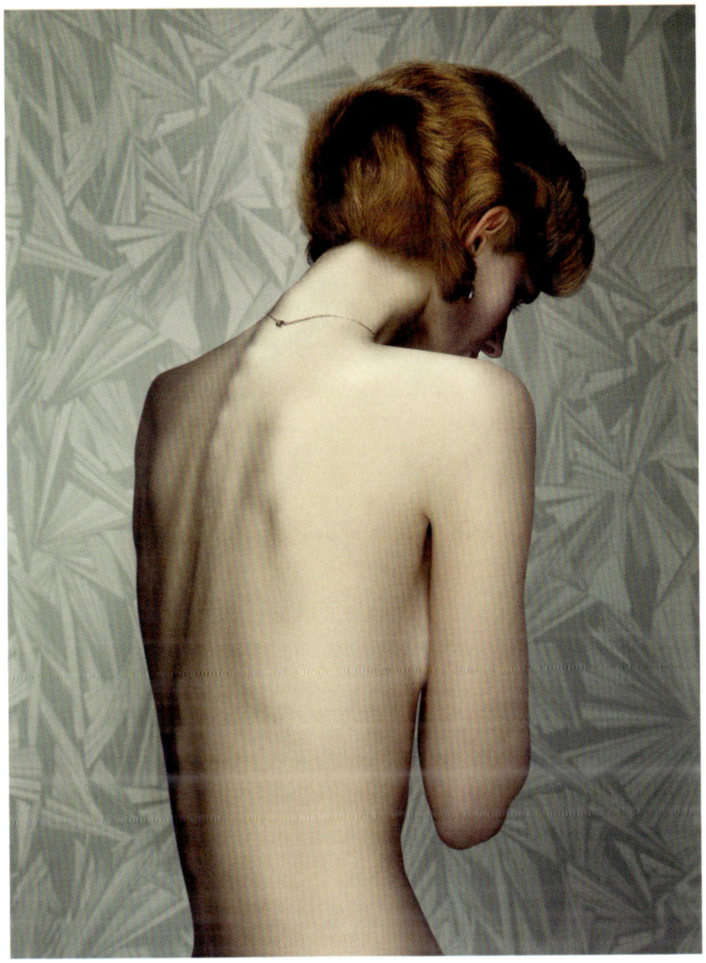

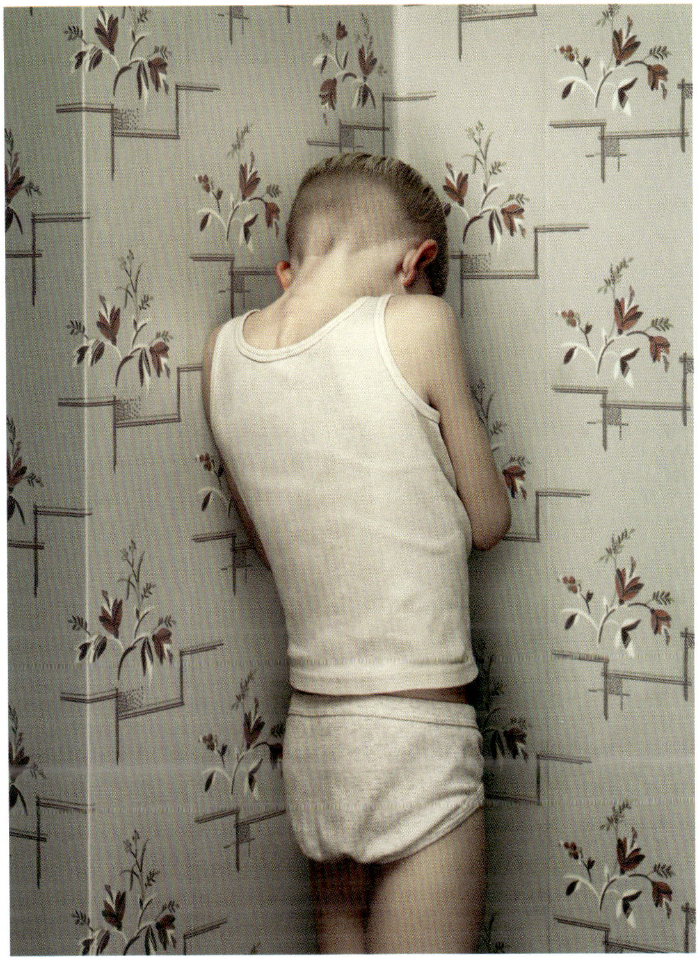

Keyhole, Keyhole #5, 2012
cm 84 x 113 ca.
digital C-Print

Keyhole, Keyhole #7, 2012
cm 84 x 113 ca.
digital C-Print

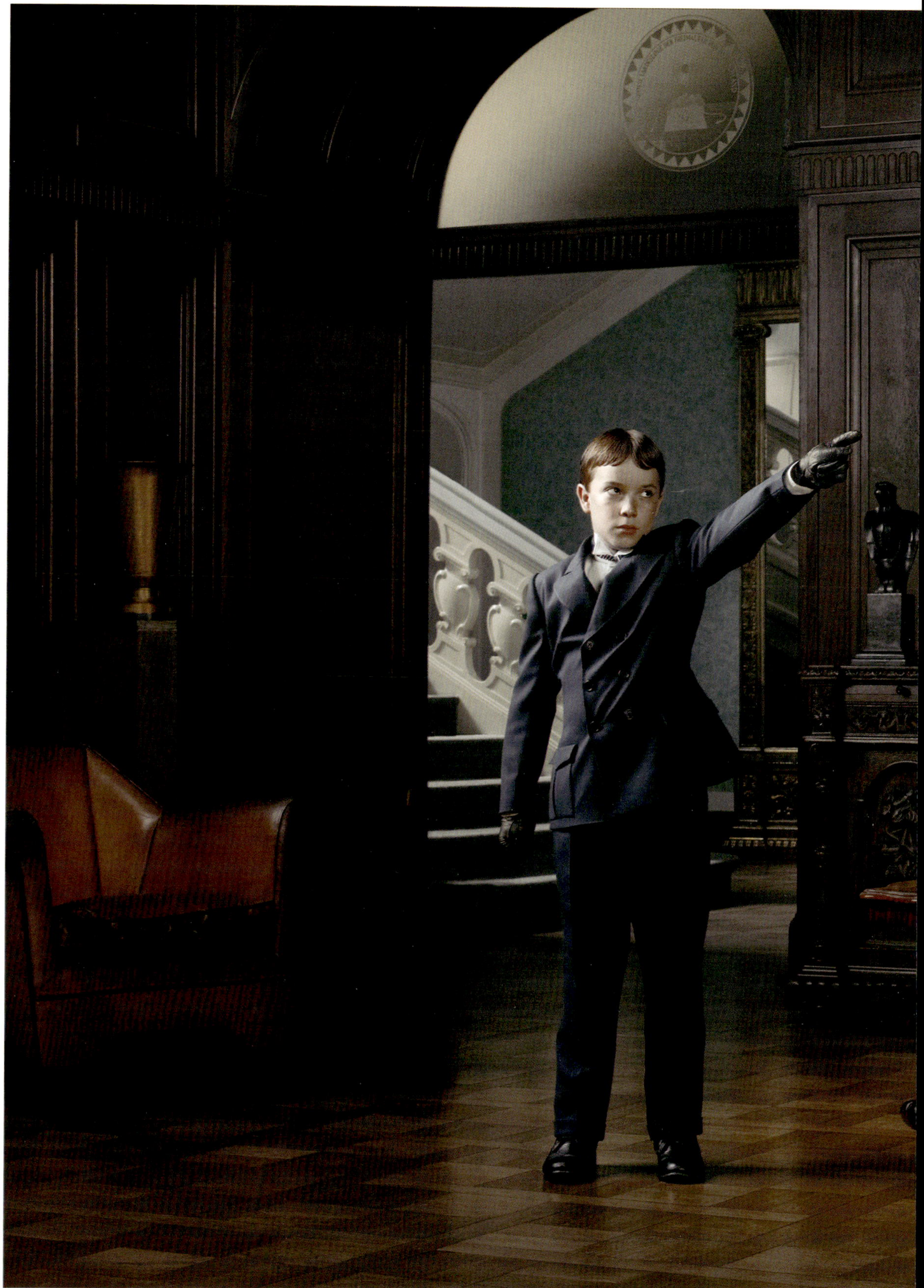

Berlin, Masonic Lodge, Dahlem, 2012
cm 181 x 120 ca.
digital C-Print

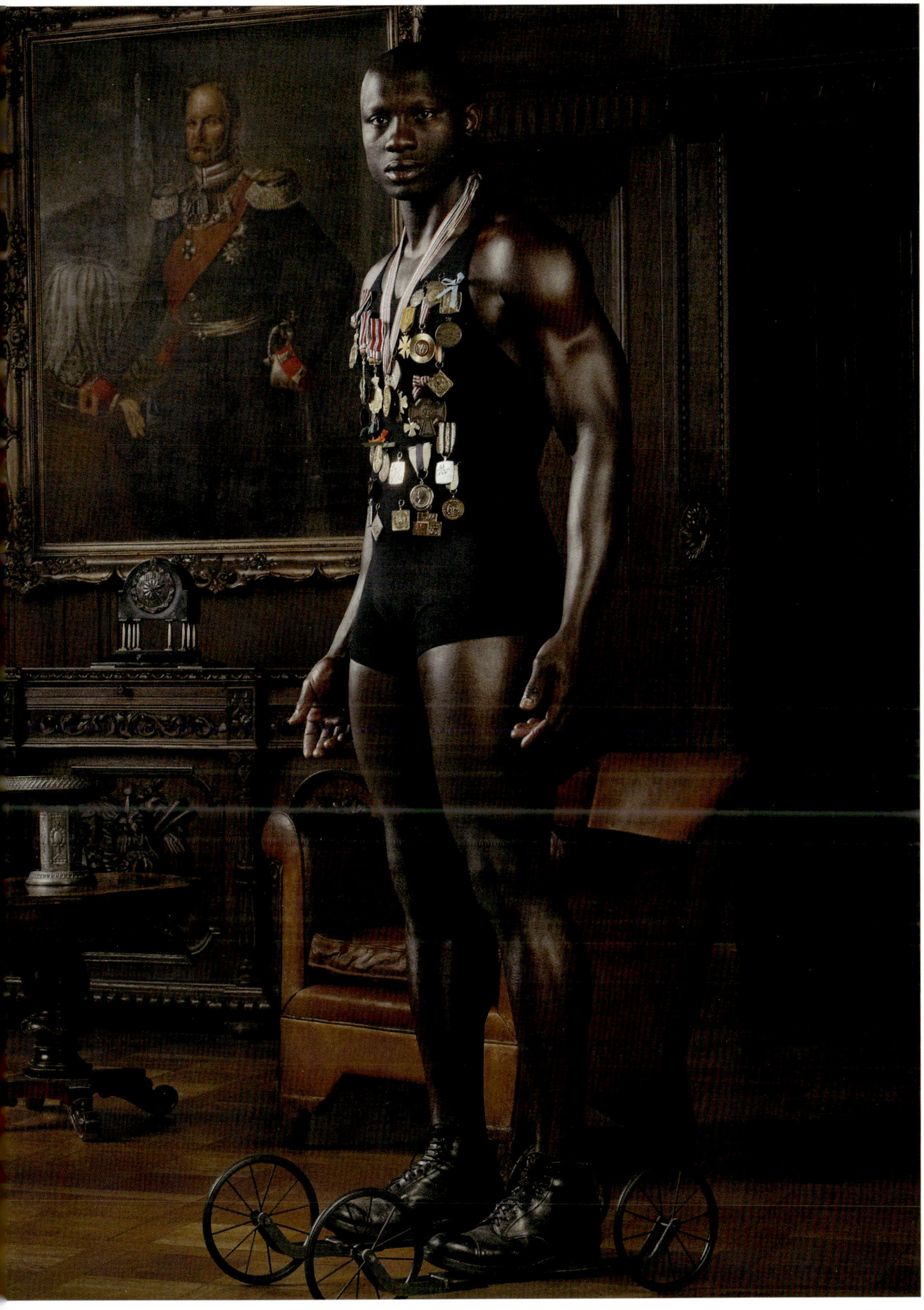

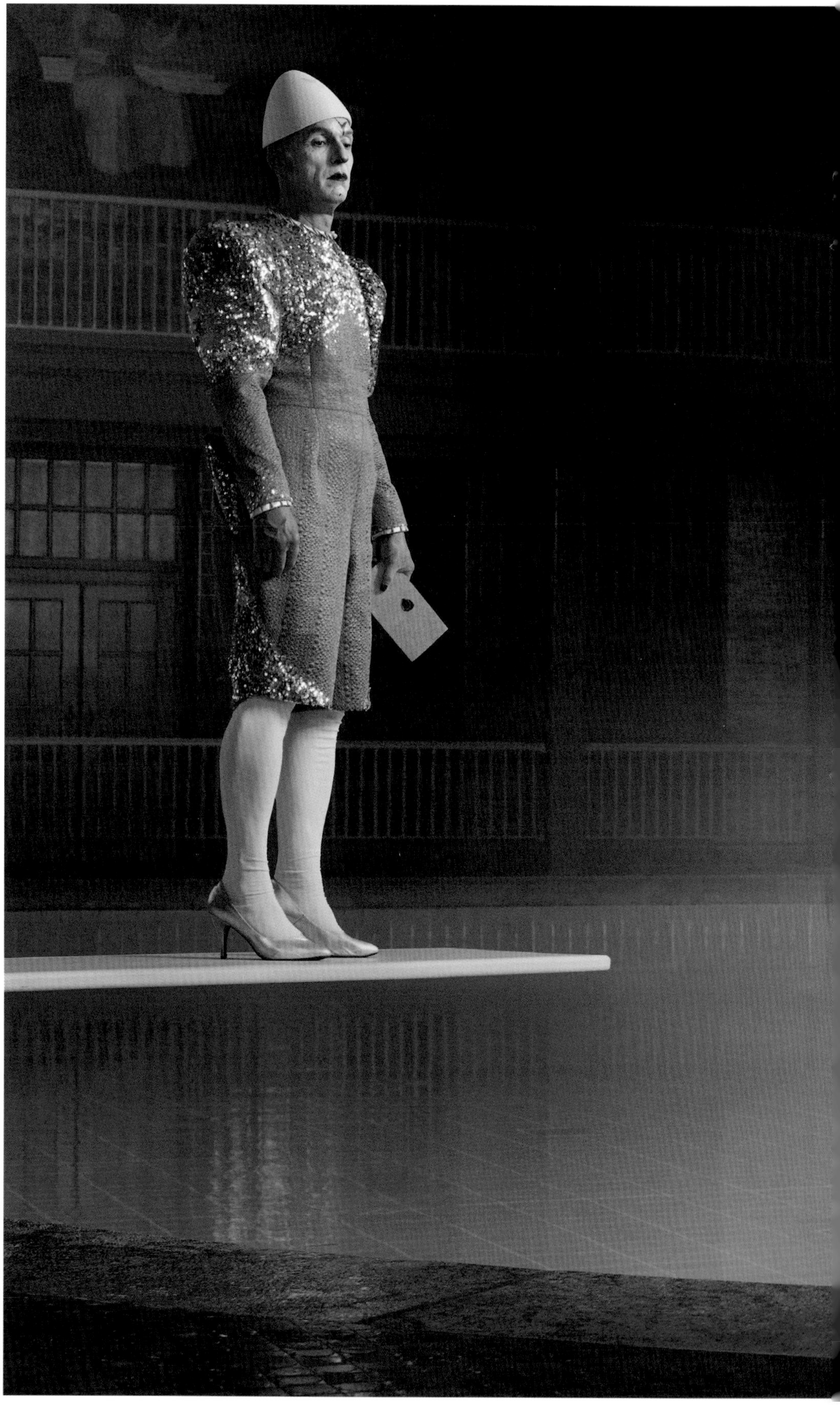

Berlin, Public Bath, Neukölln, 2012
cm 181 x 120 ca.
digital C-Print

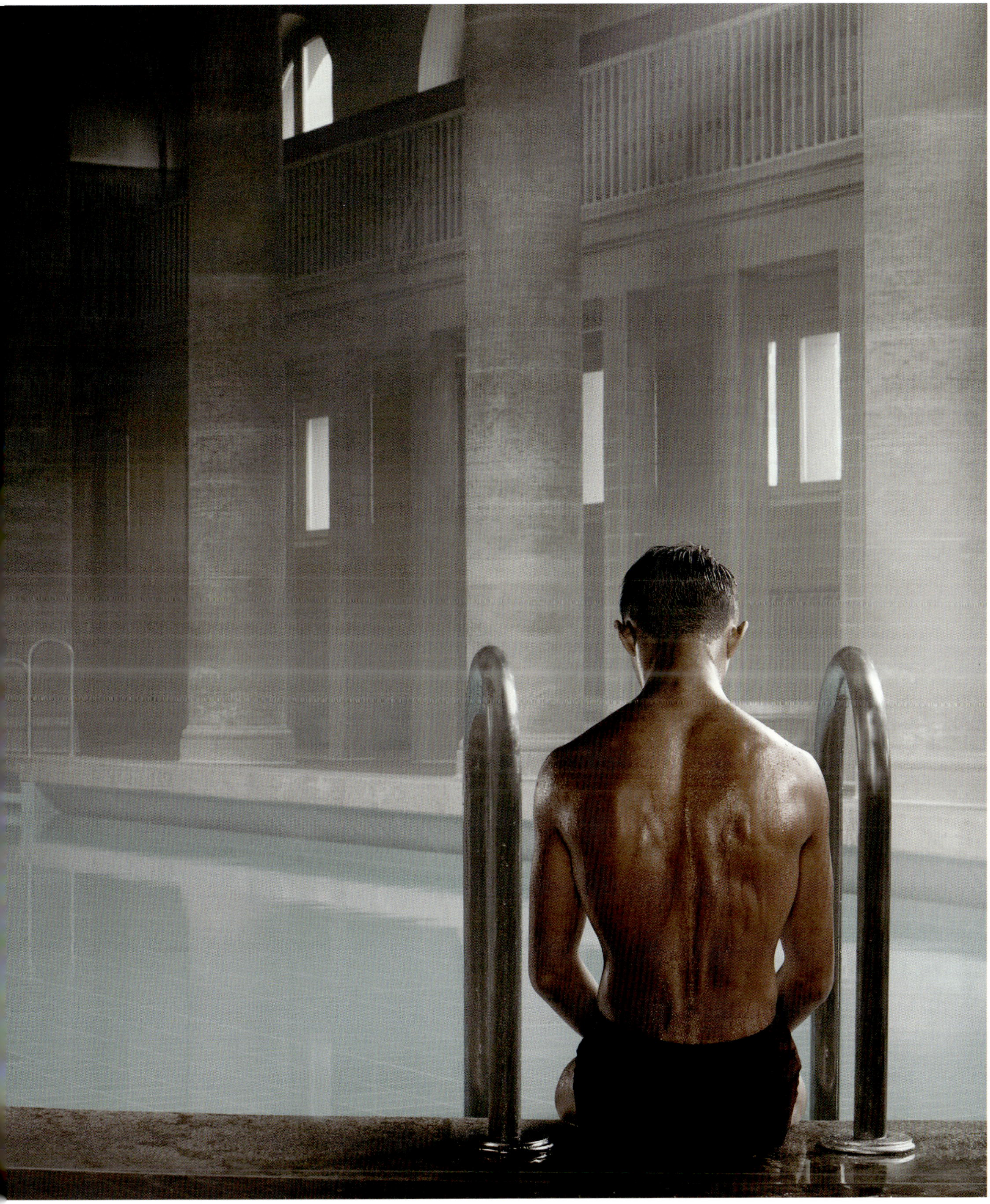

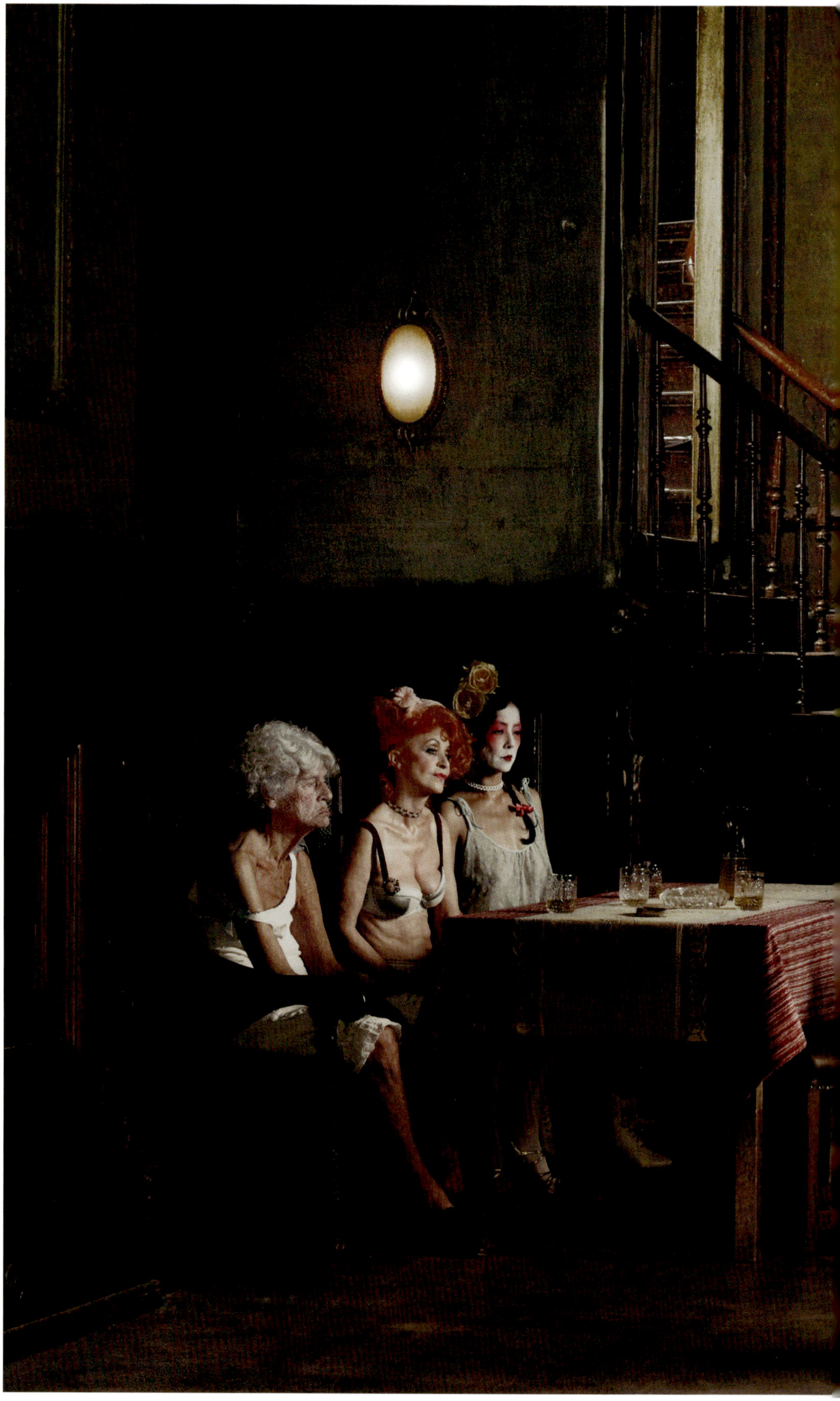

Berlin, Clärchens Ballroom, Mitte, 2012
cm 60 x 90 ca.
digital C-Print

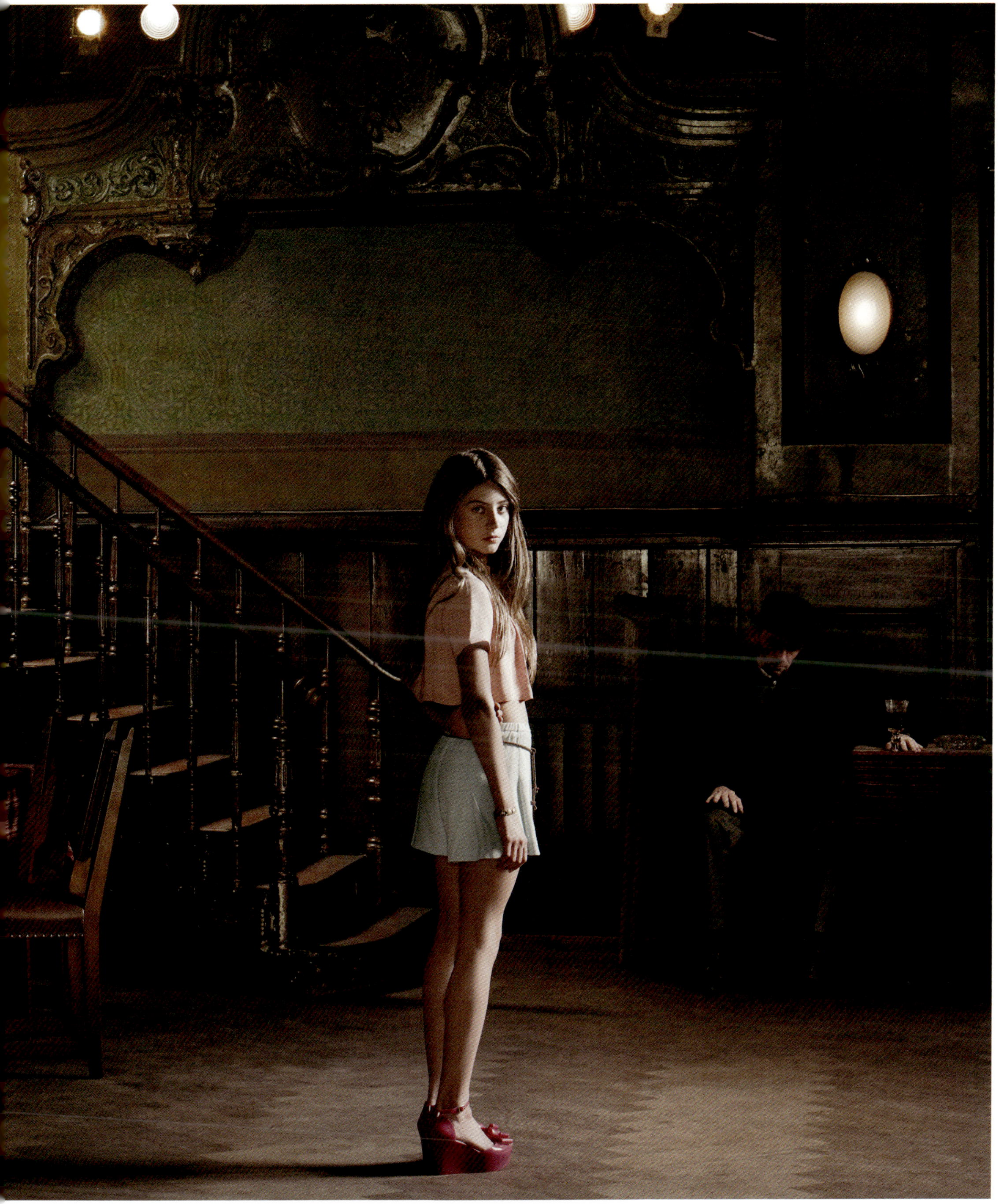

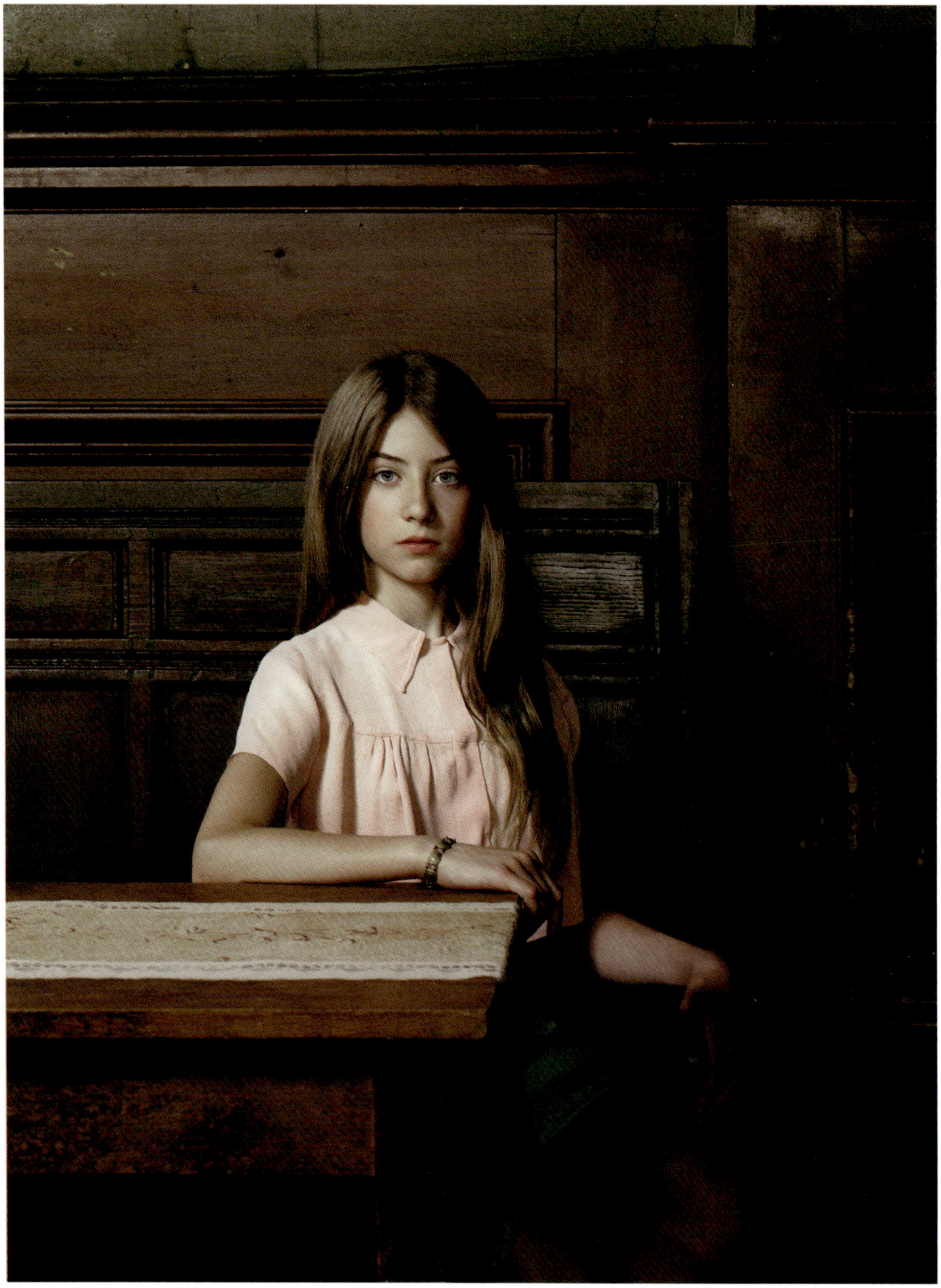

Berlin, Portrait 22, 2012
cm 75 x 56 ca.
digital C-Print

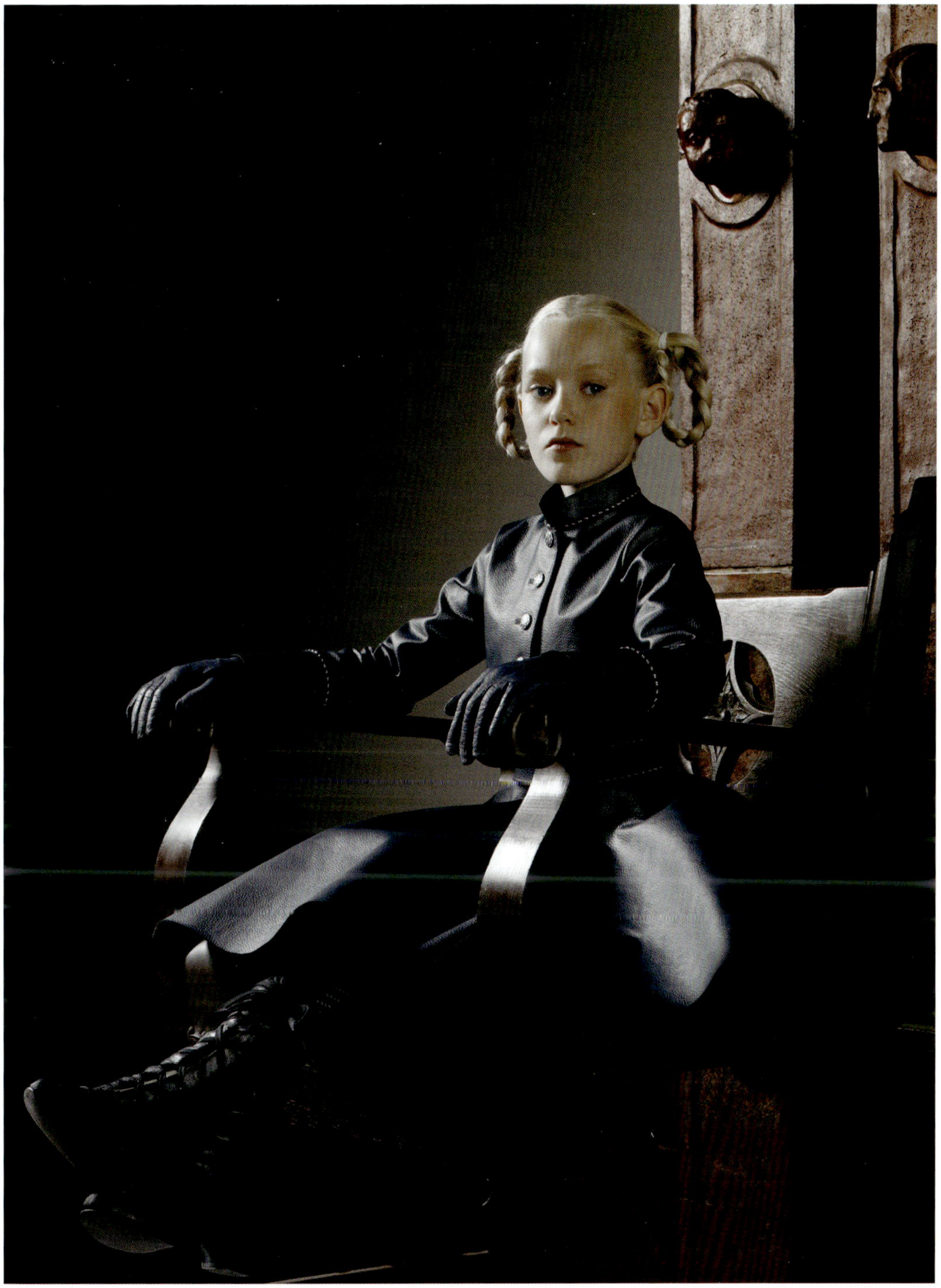

Berlin, Portrait 05, 2012
cm 75 x 56 ca.
digital C-Print

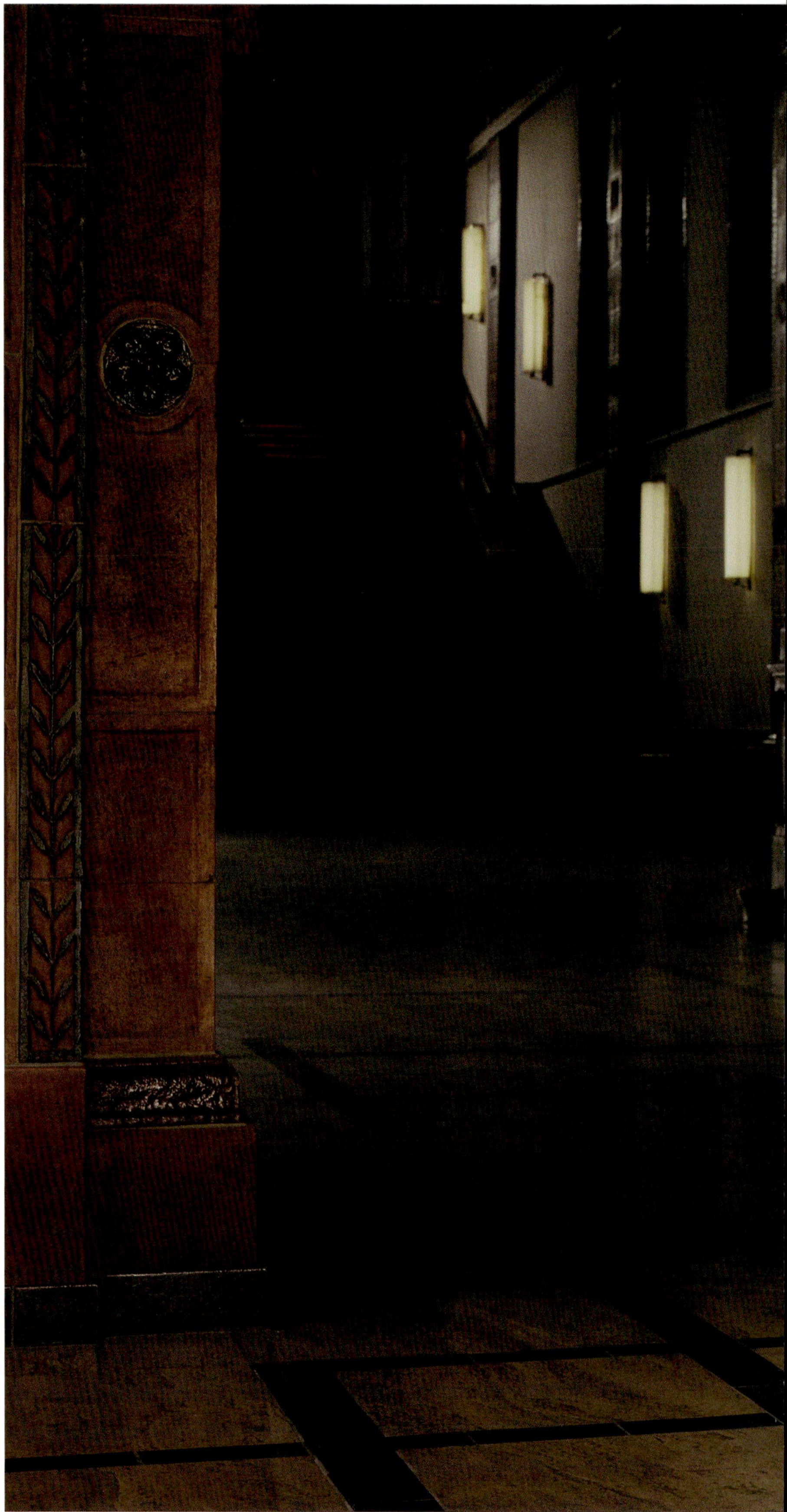

Berlin, Rathaus Schönberg, 2012
cm 60 x 90 ca.
digital C-Print

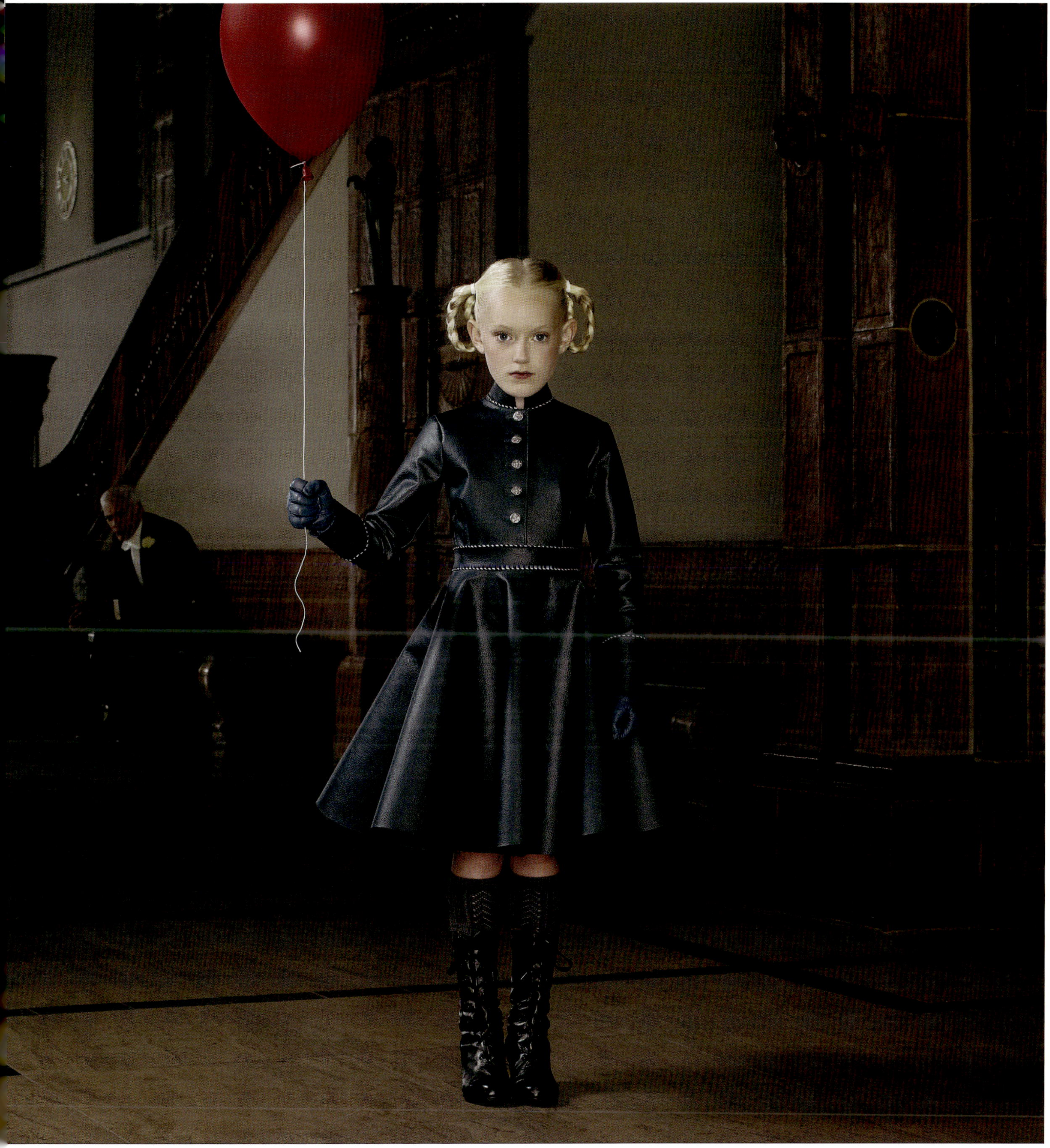

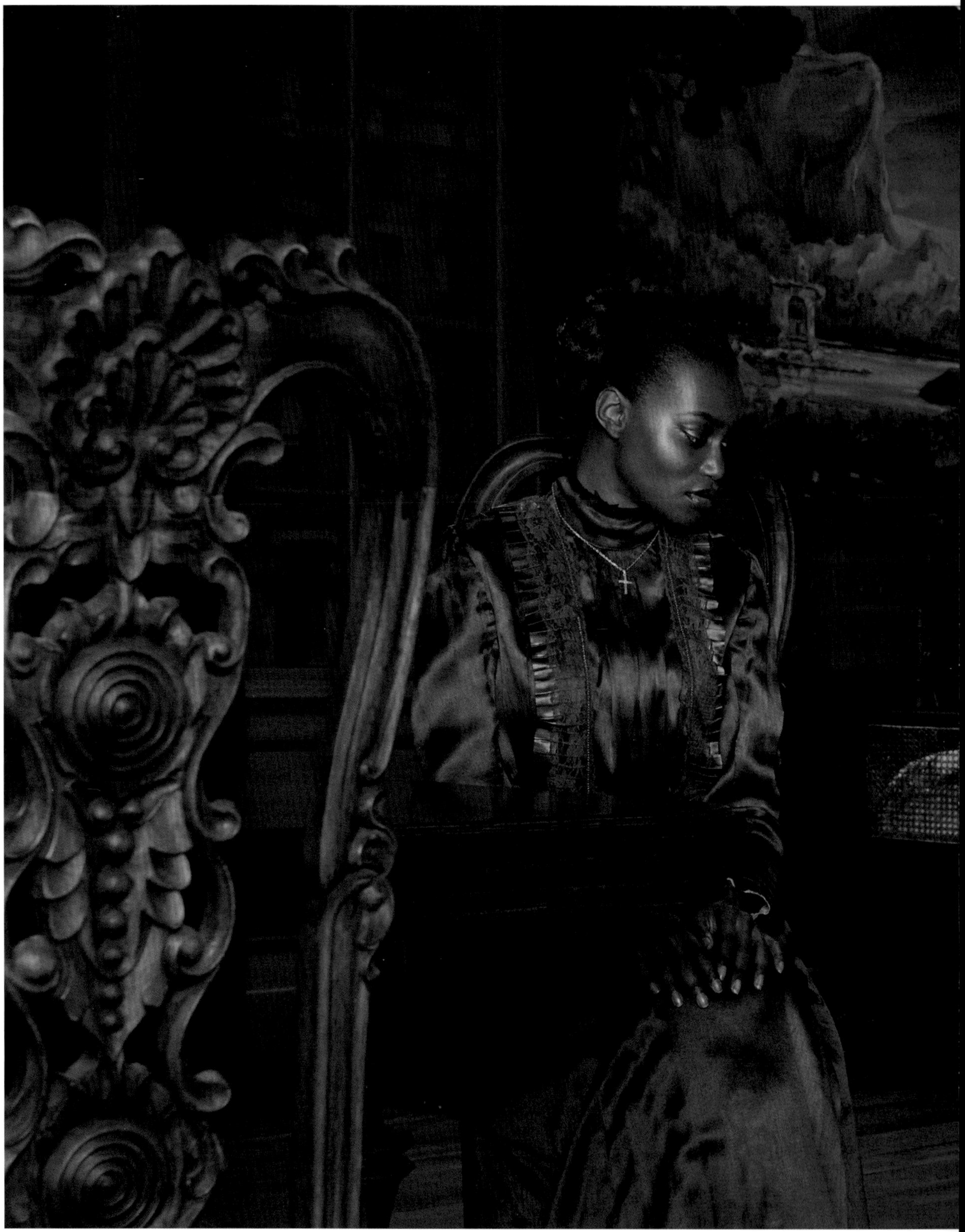

Dusk, The Mother, 2009
cm 121 x 230 ca.
digital C-Print

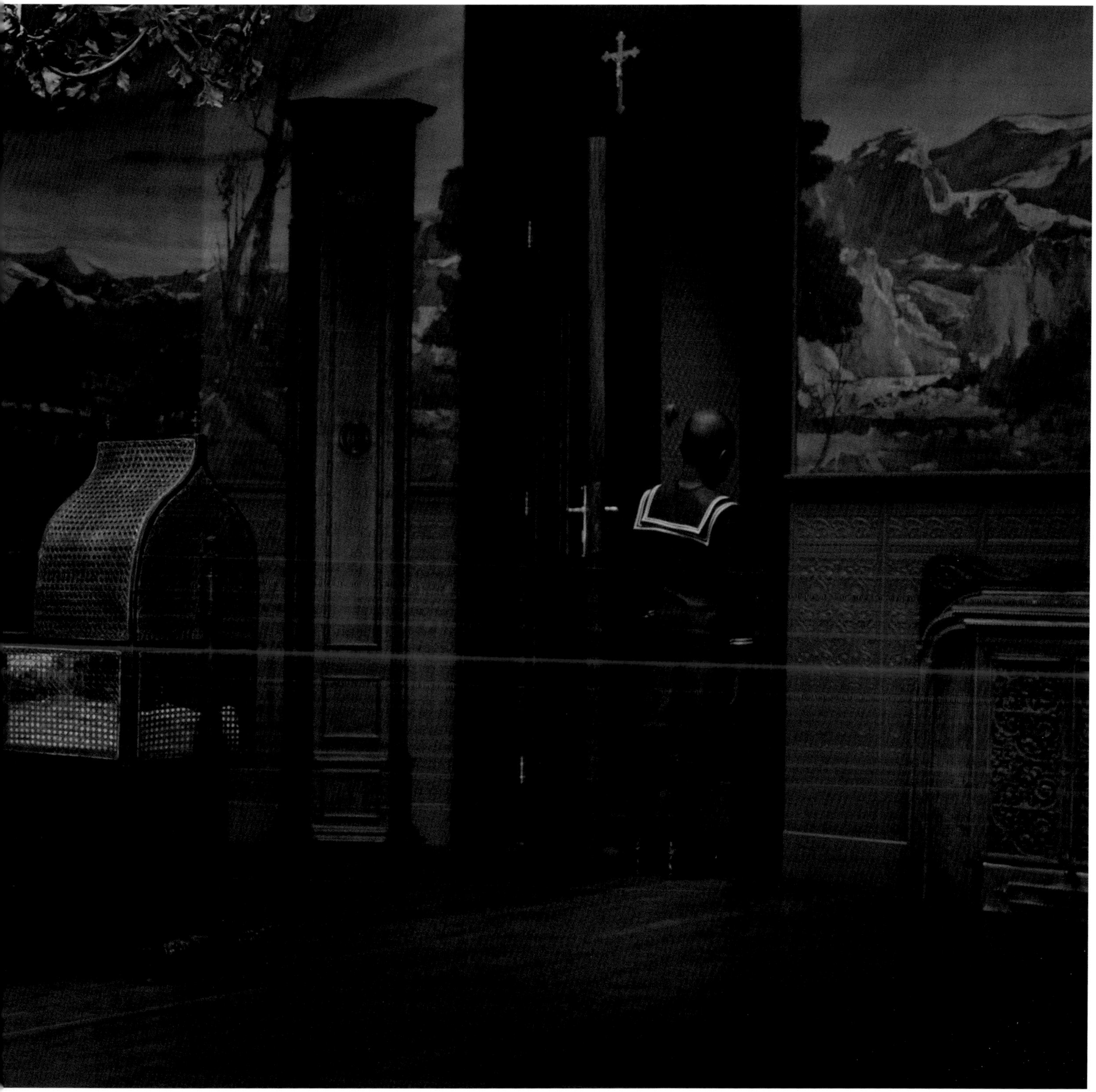

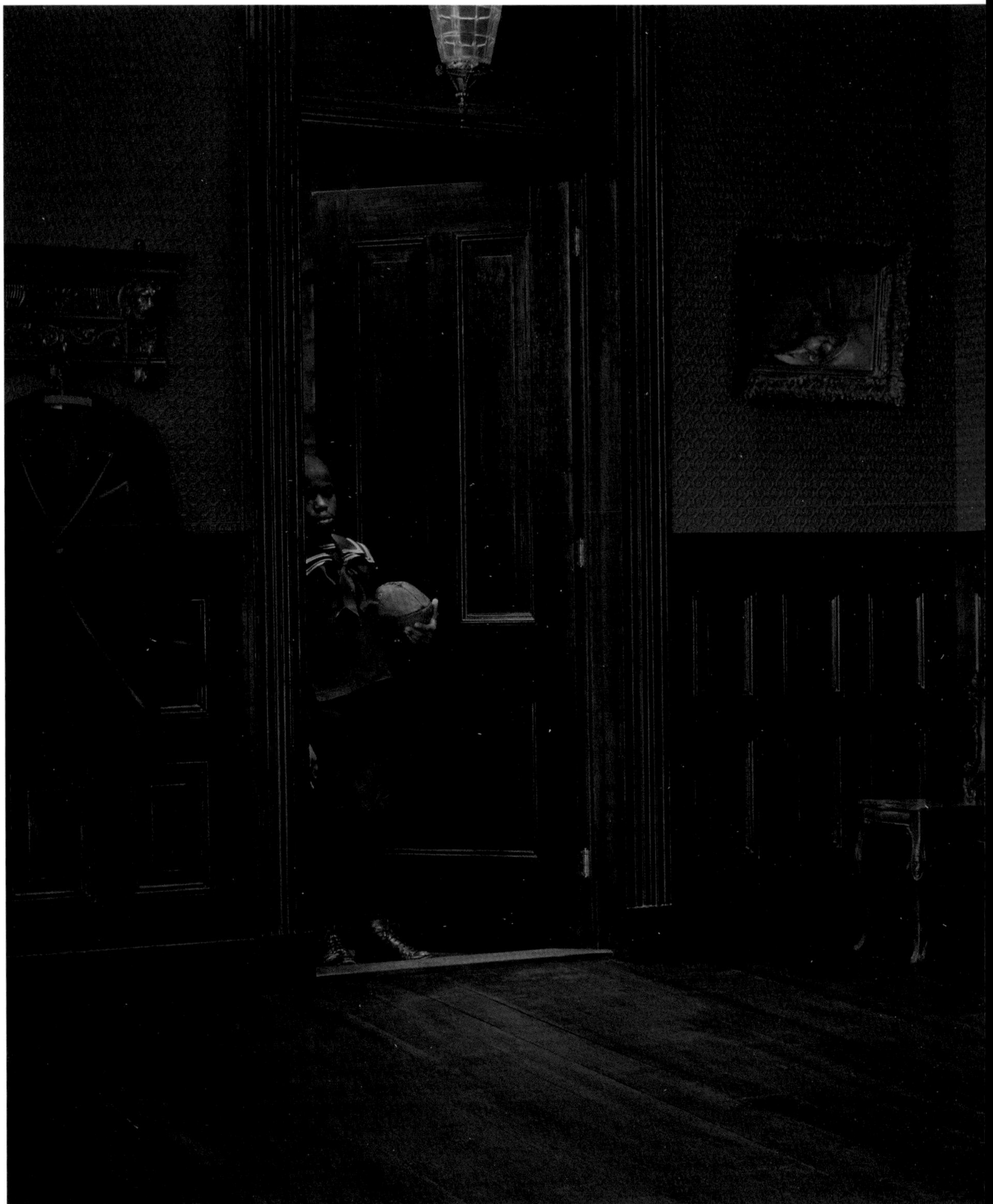

Dusk, The Soldier, 2009
cm 121 x 230 ca.
digital C-Print

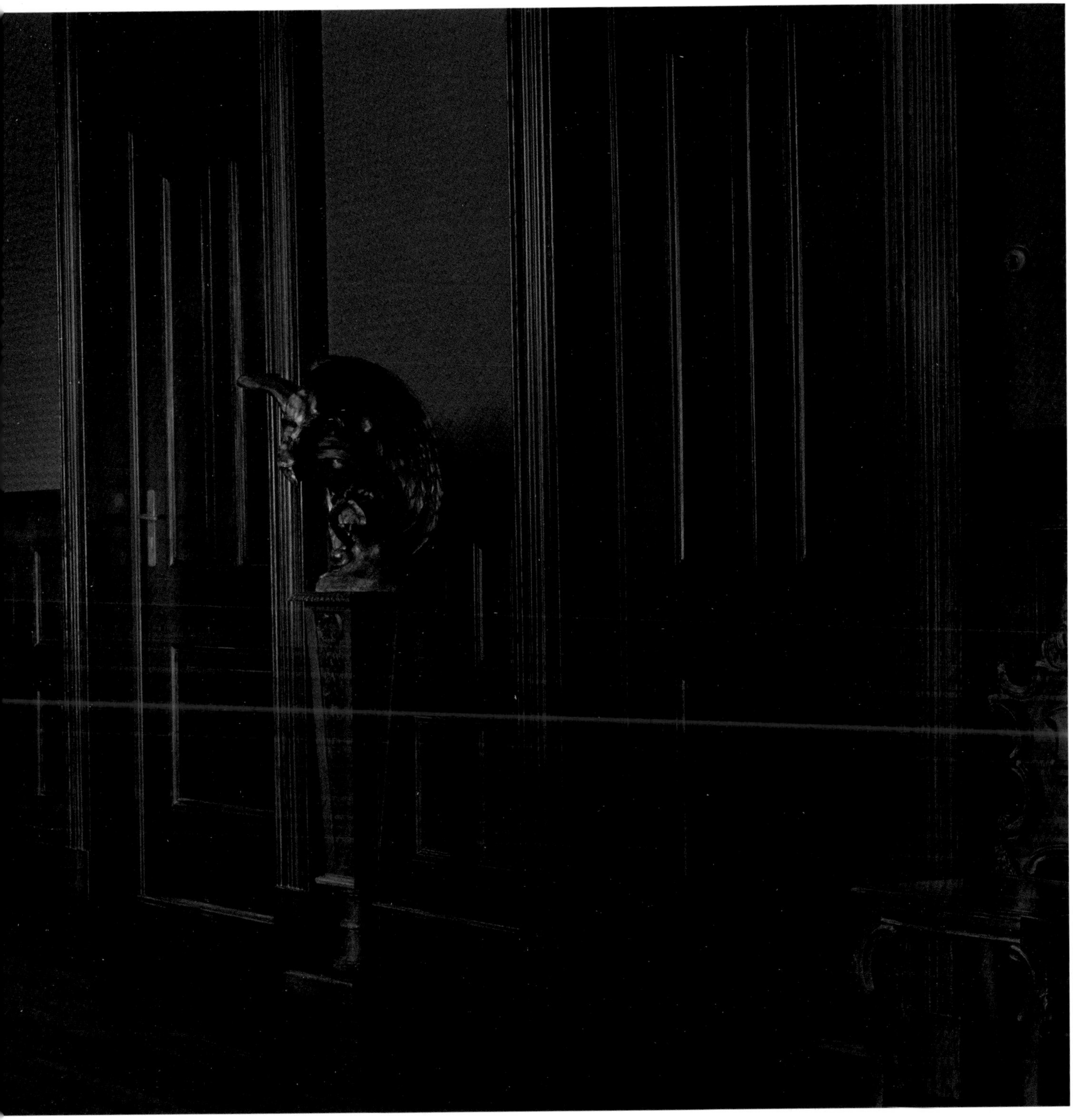

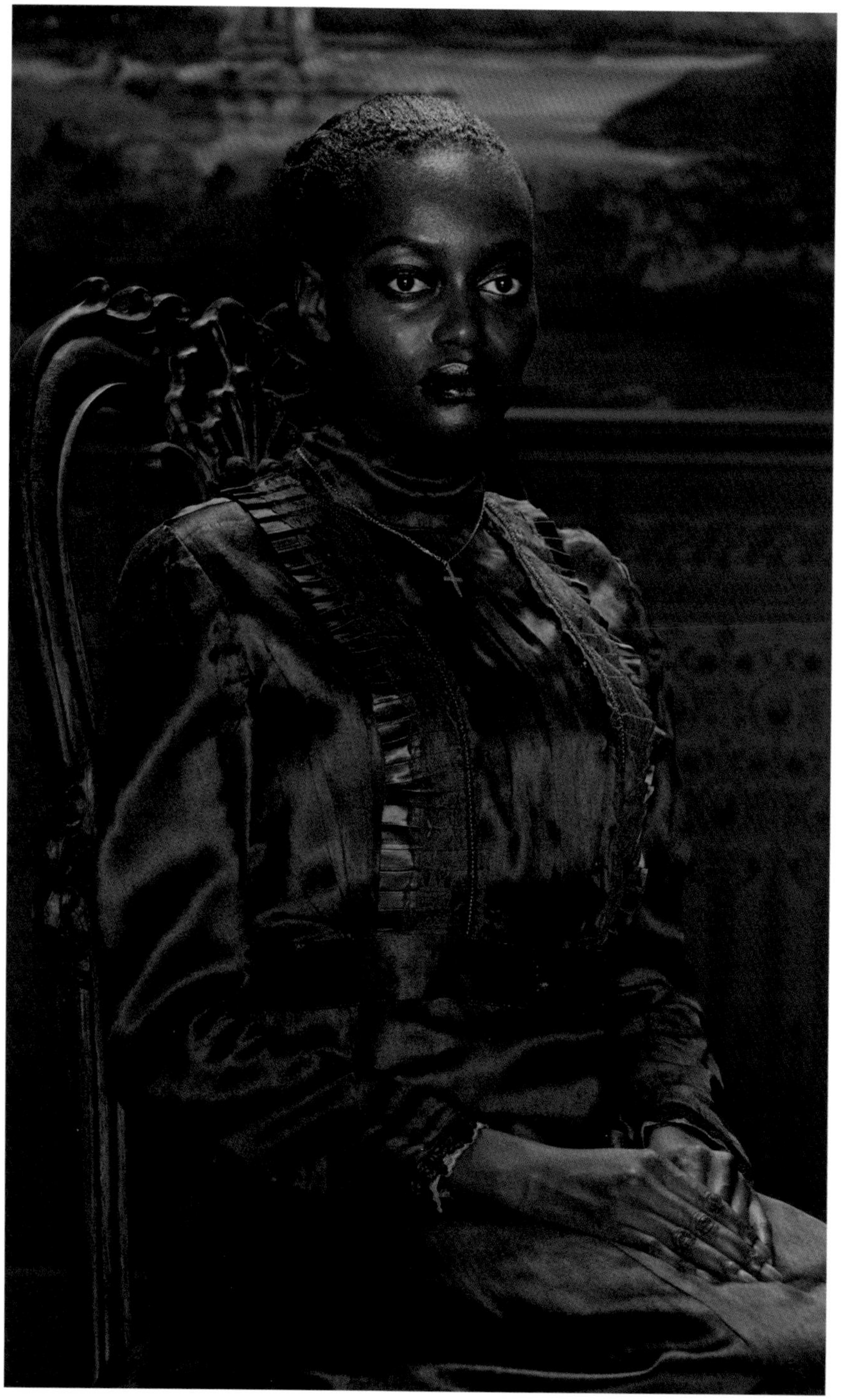

Dusk, Portrait 01, 2009
cm 45 x 74 ca.
digital C-Print

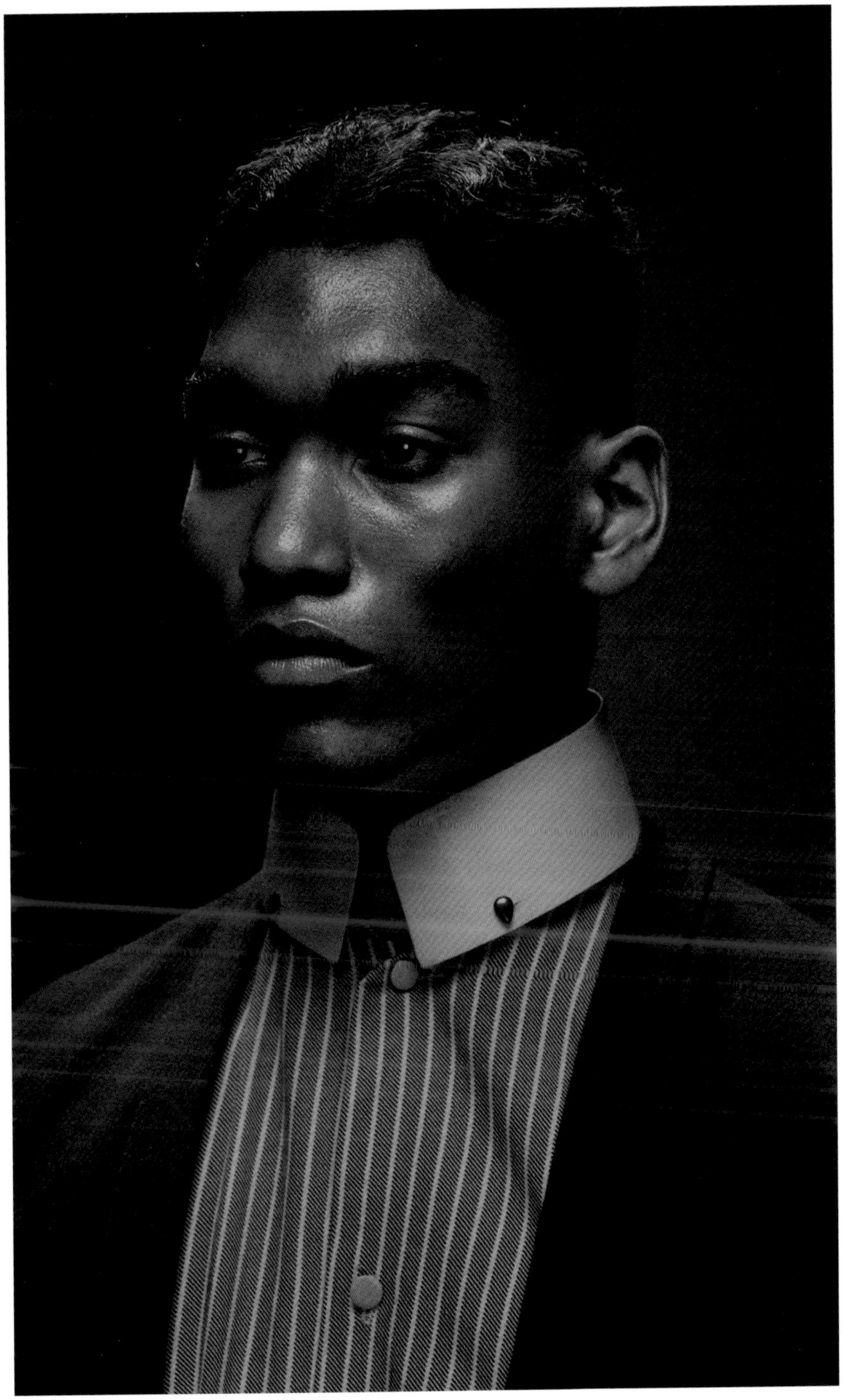

Dusk, Portrait 02, 2009
cm 45 x 74 ca.
digital C-Print

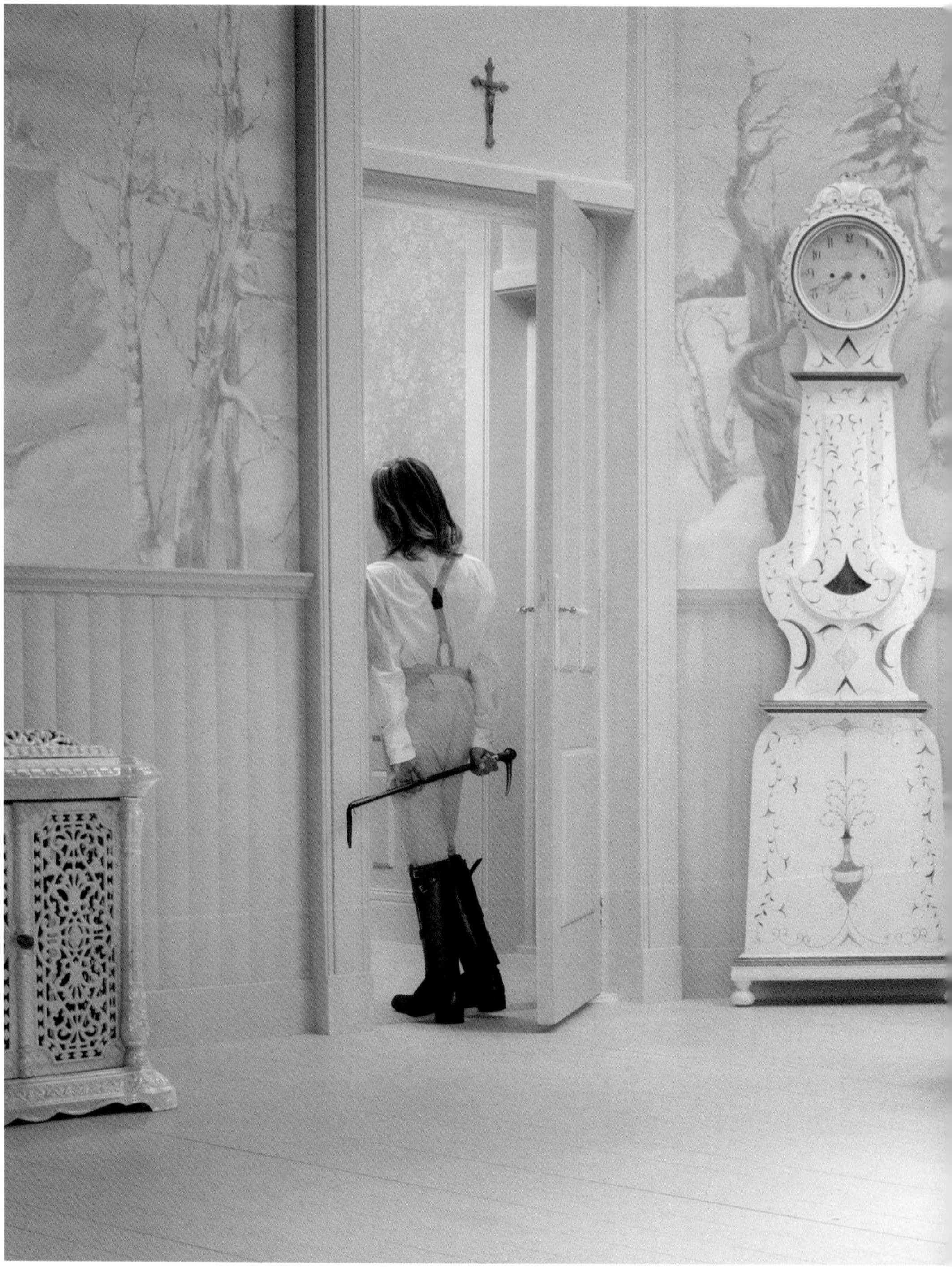

Dawn, The Mother, 2009
cm 121 x 230 ca.
digital C-Print

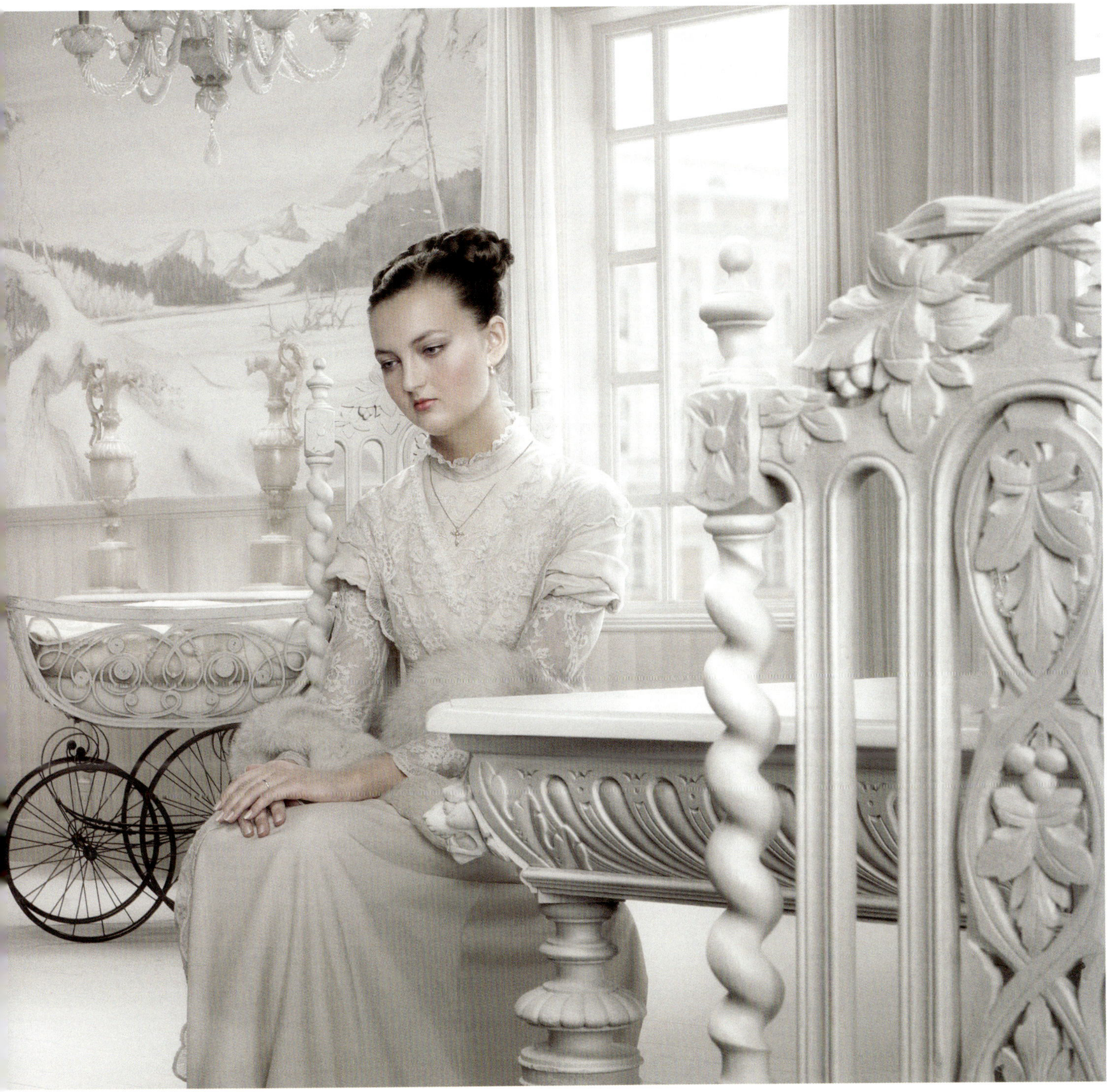

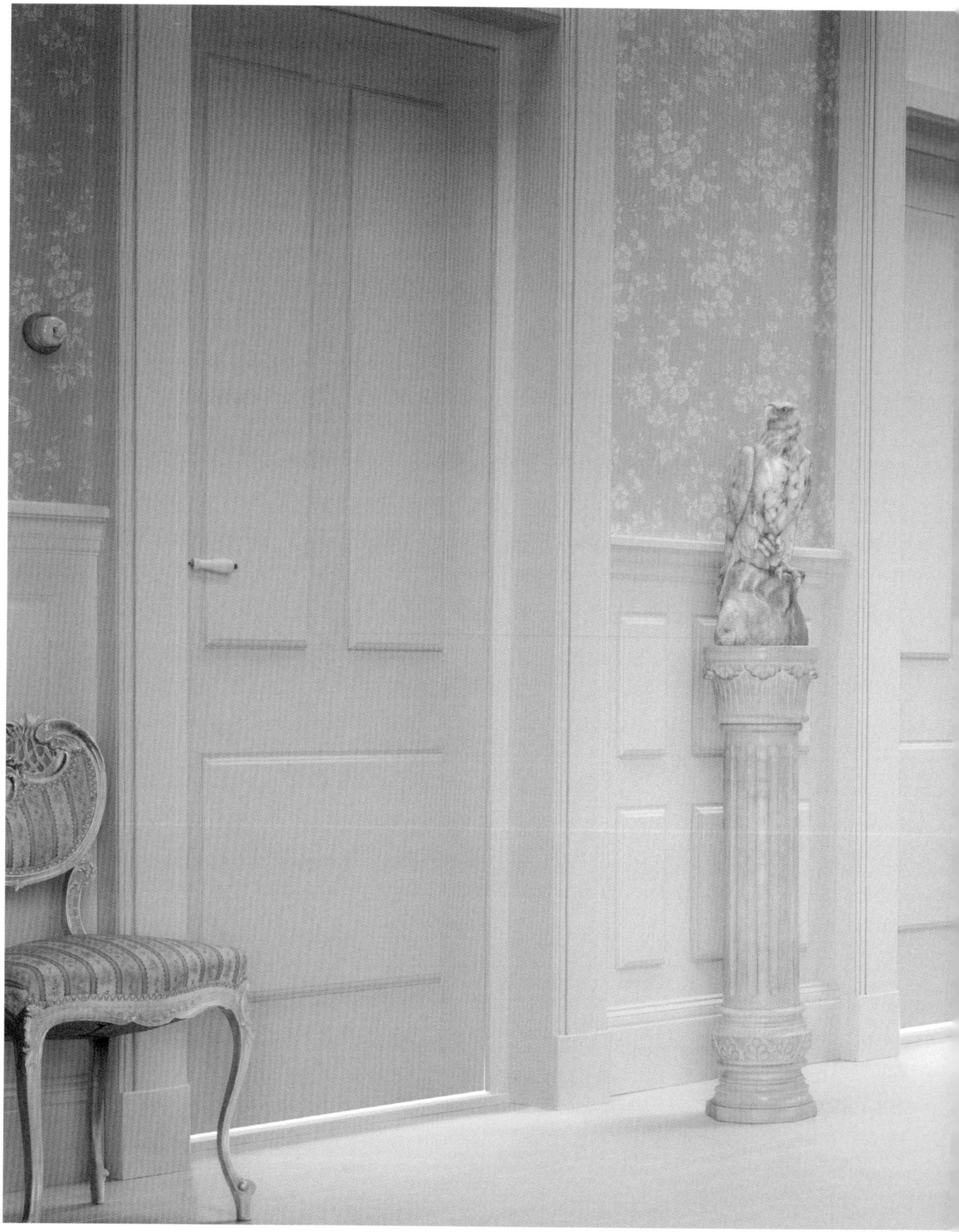

Dawn, The Soldier, 2009
cm 121 x 230 ca.
digital C-Print

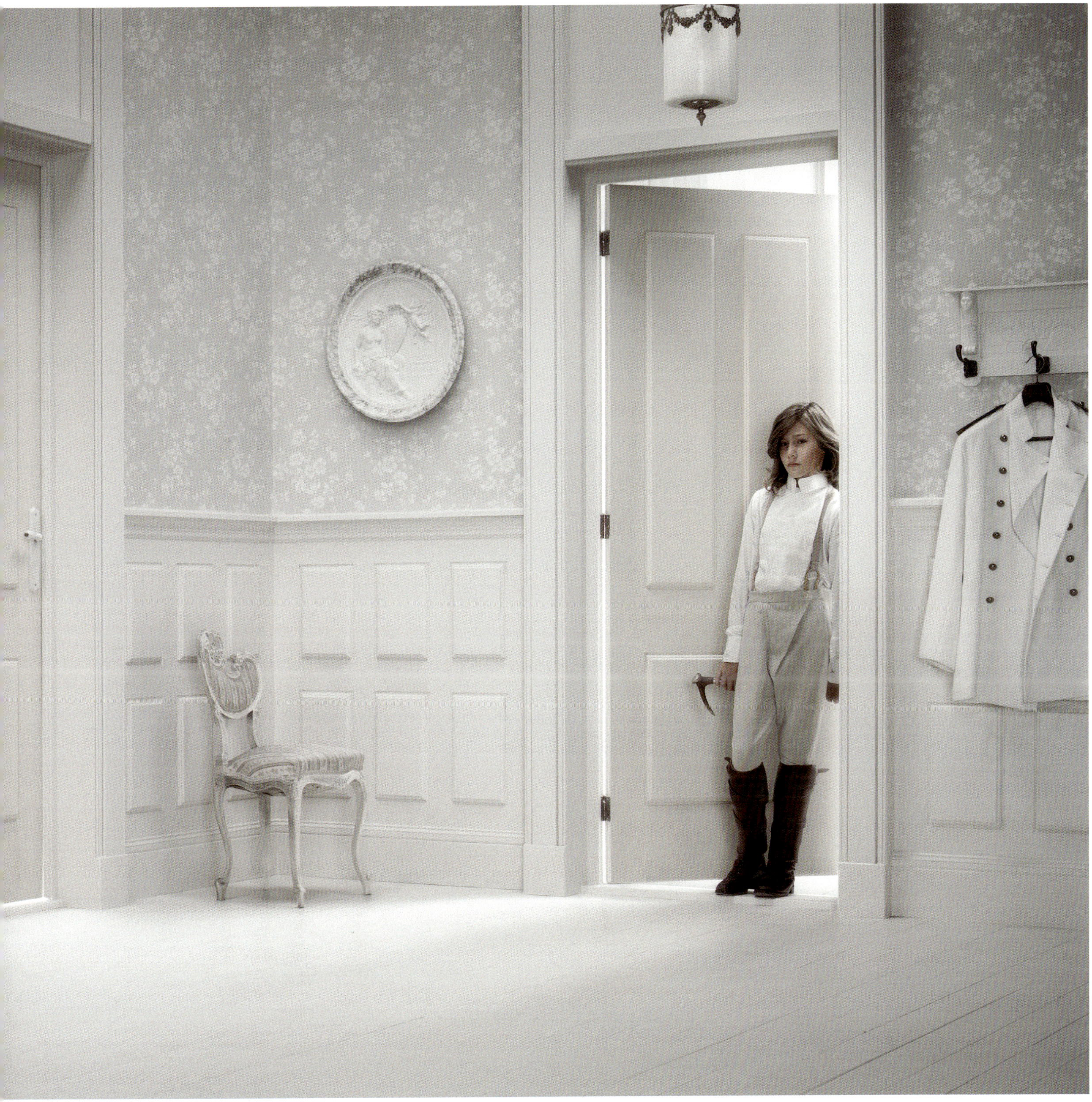

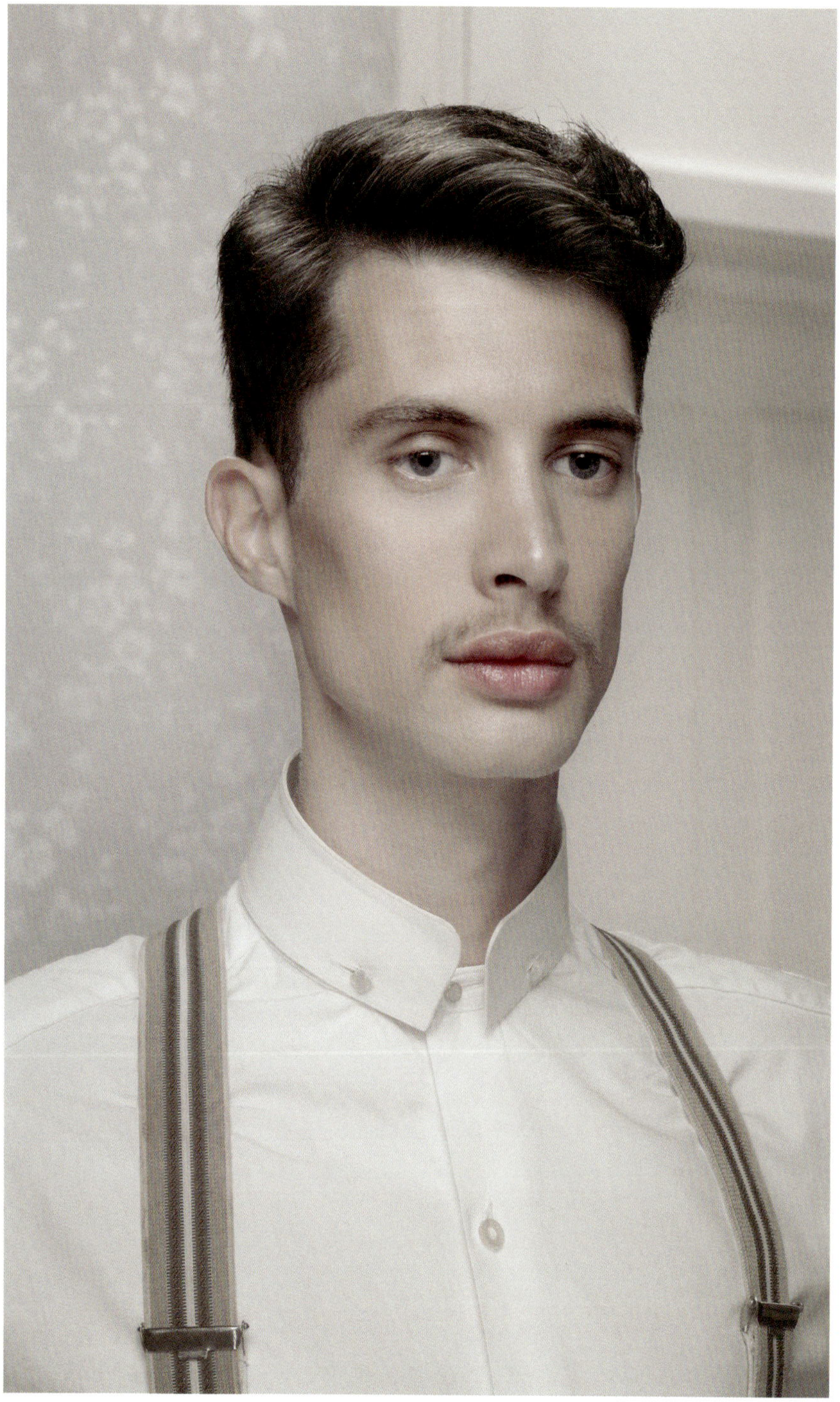

Dawn, Portrait 01, 2009
cm 75 x 122 ca.
digital C-Print

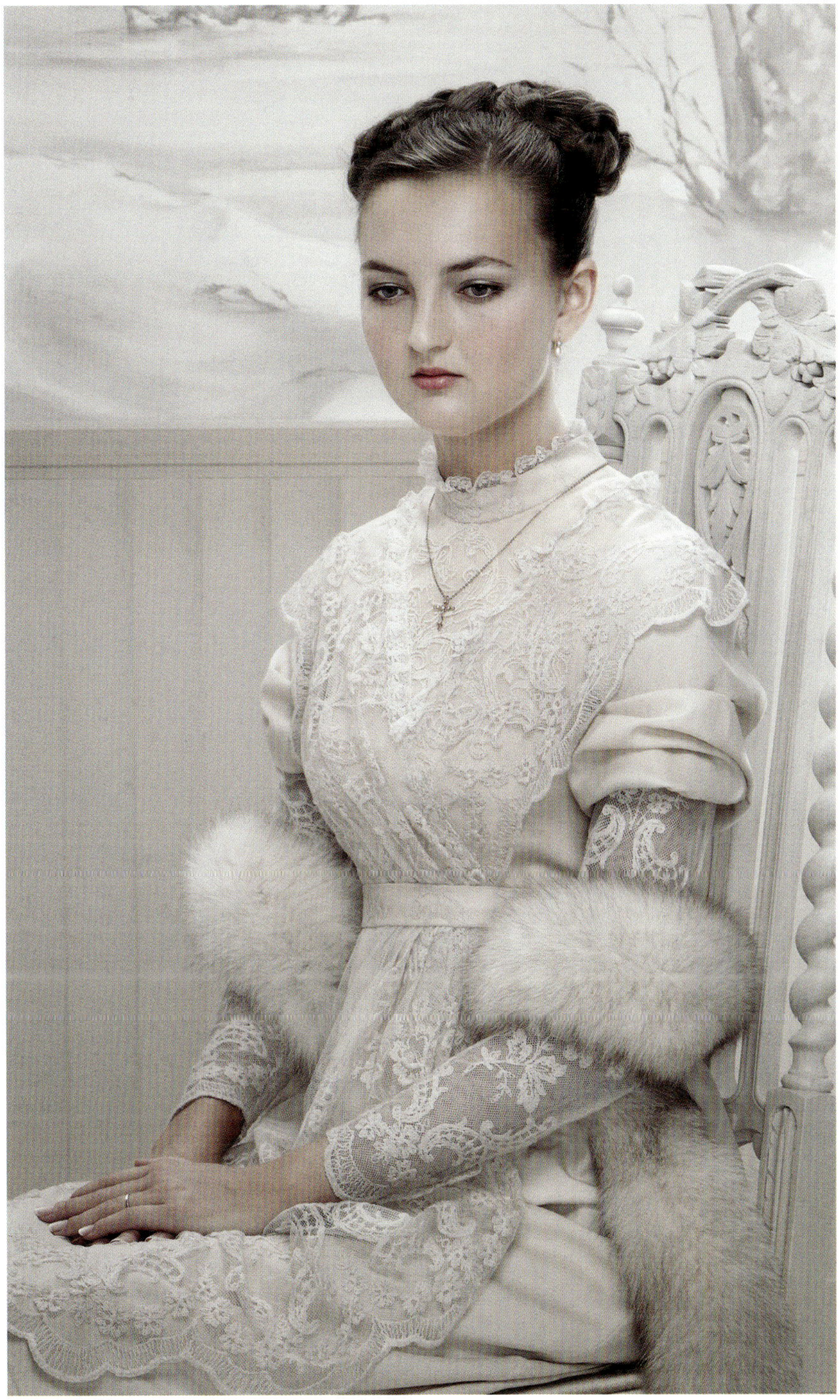

Dawn, Portrait 02, 2009
cm 45 x 74 ca.
digital C-Print

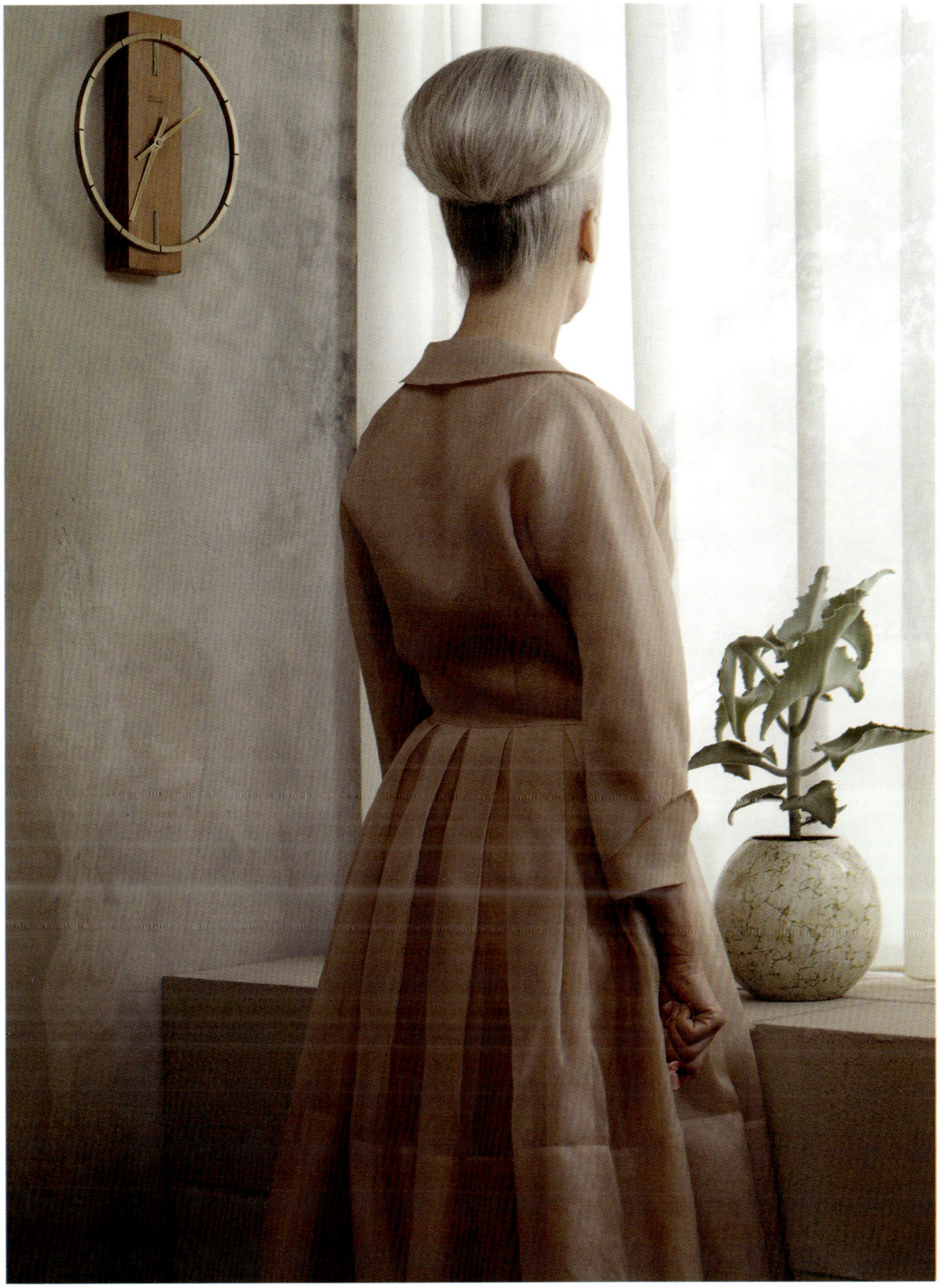

Grief, Grace Portrait, 2008
cm 60 x 80 ca.
digital C-Print

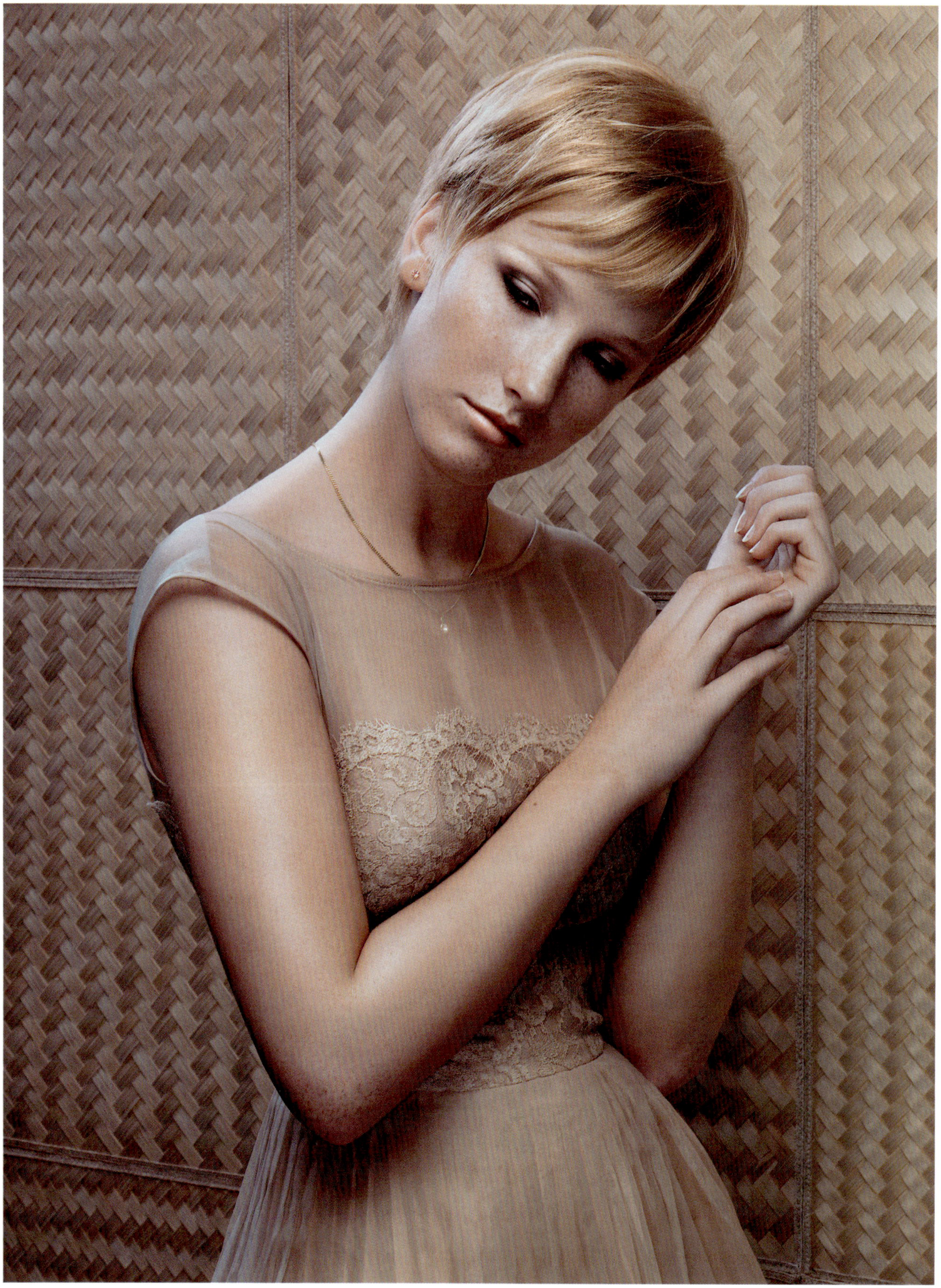

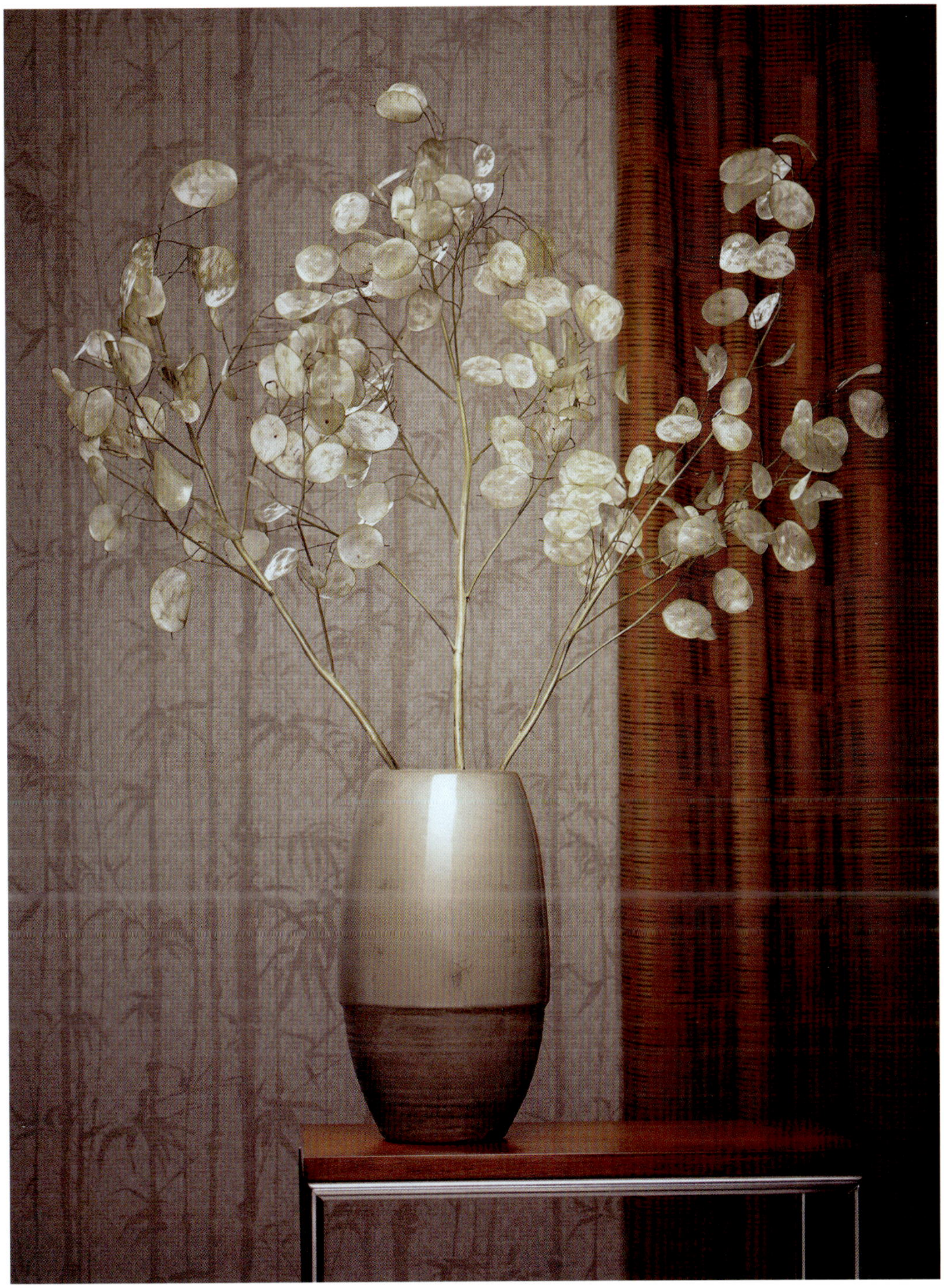

Fall, Suus, 2008
cm 106 x 141 ca.
digital C-Print

Fall, Still Life 01, 2008
cm 106 x 141 ca.
digital C-Print

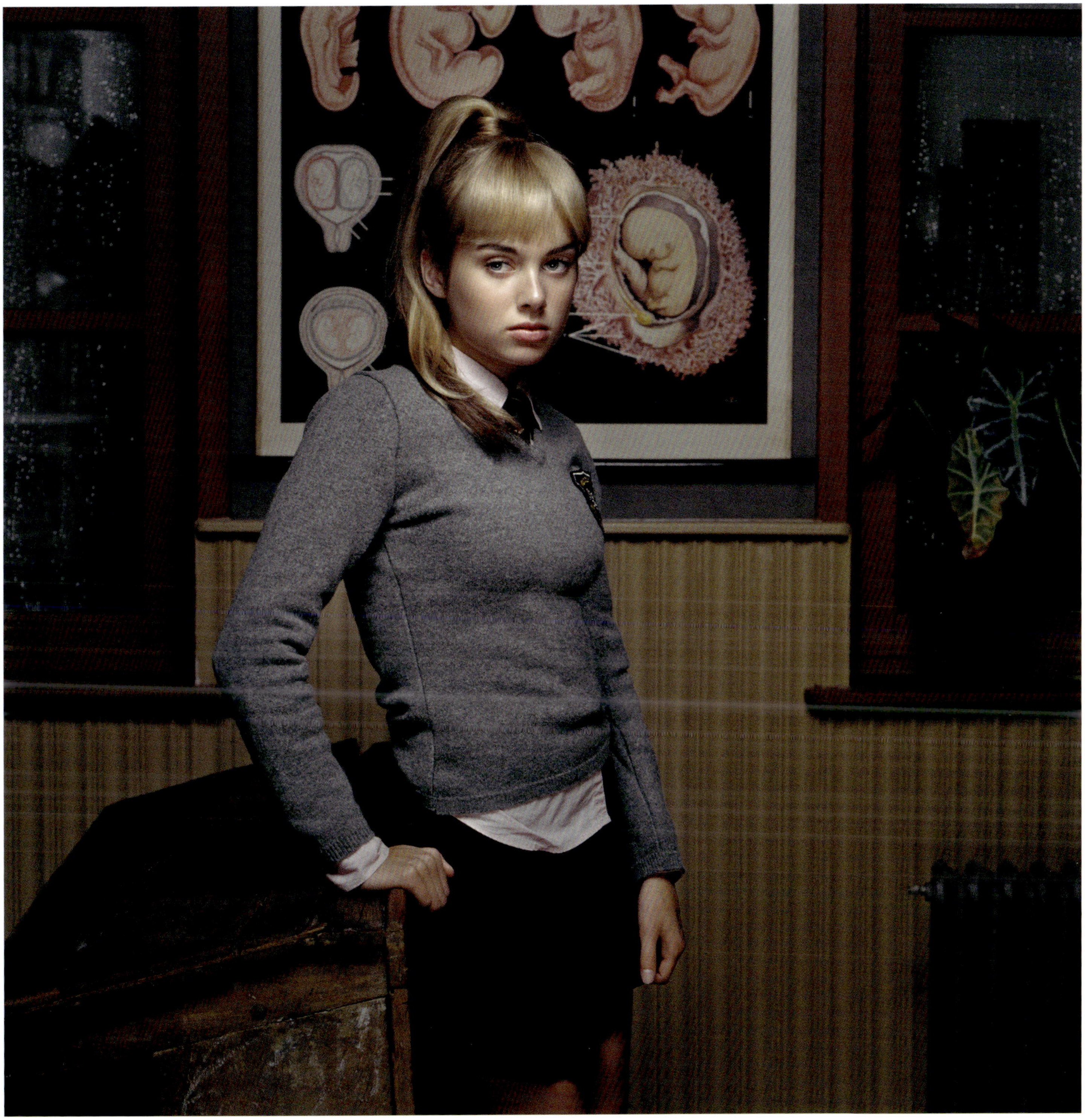

Hope, Portrait #4, 2005
cm 70 x 70 ca.
digital C-Print

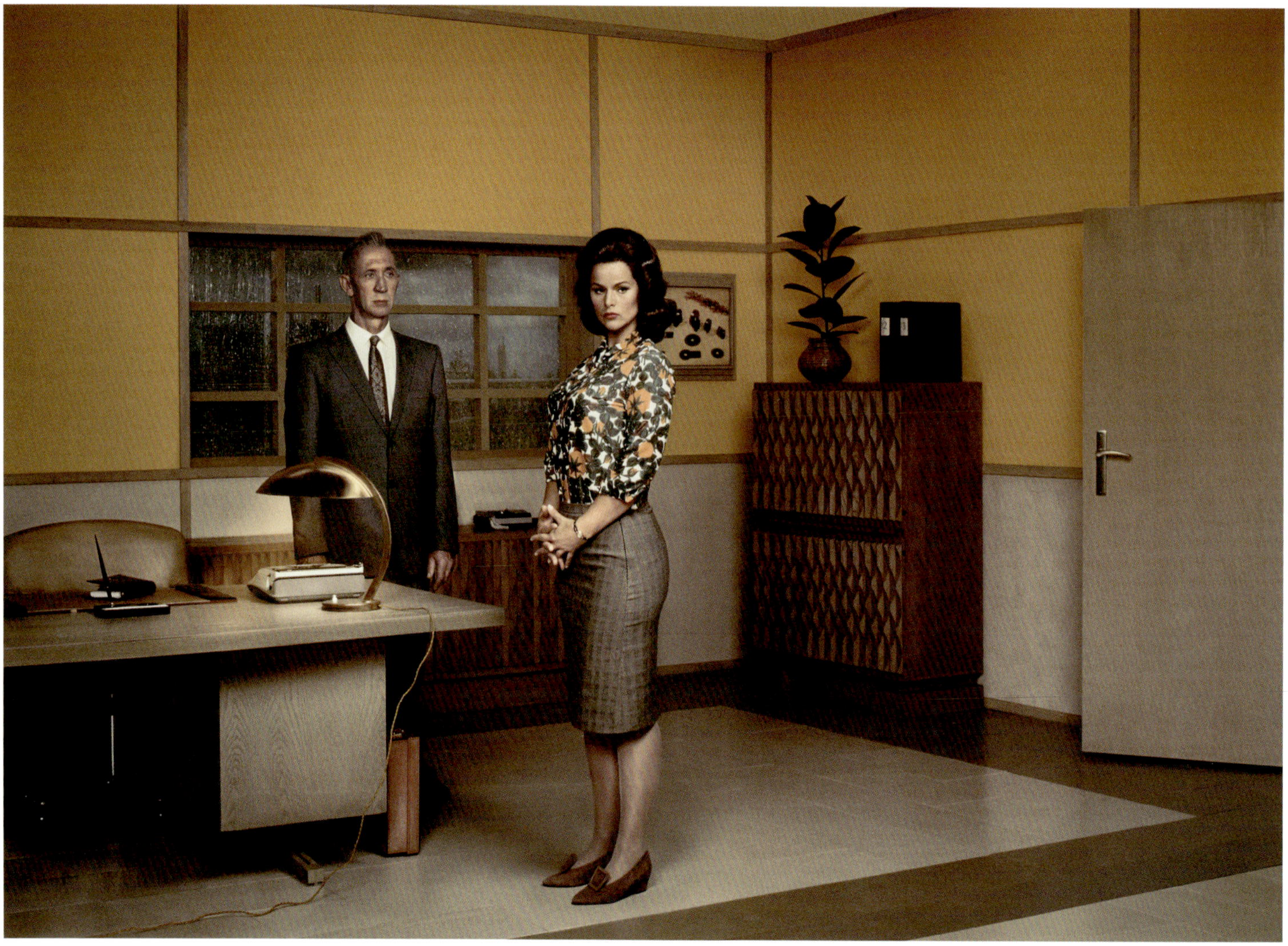

Rain, The Boardroom, 2004
cm 70 x 99.30 ca.
digital C-Print

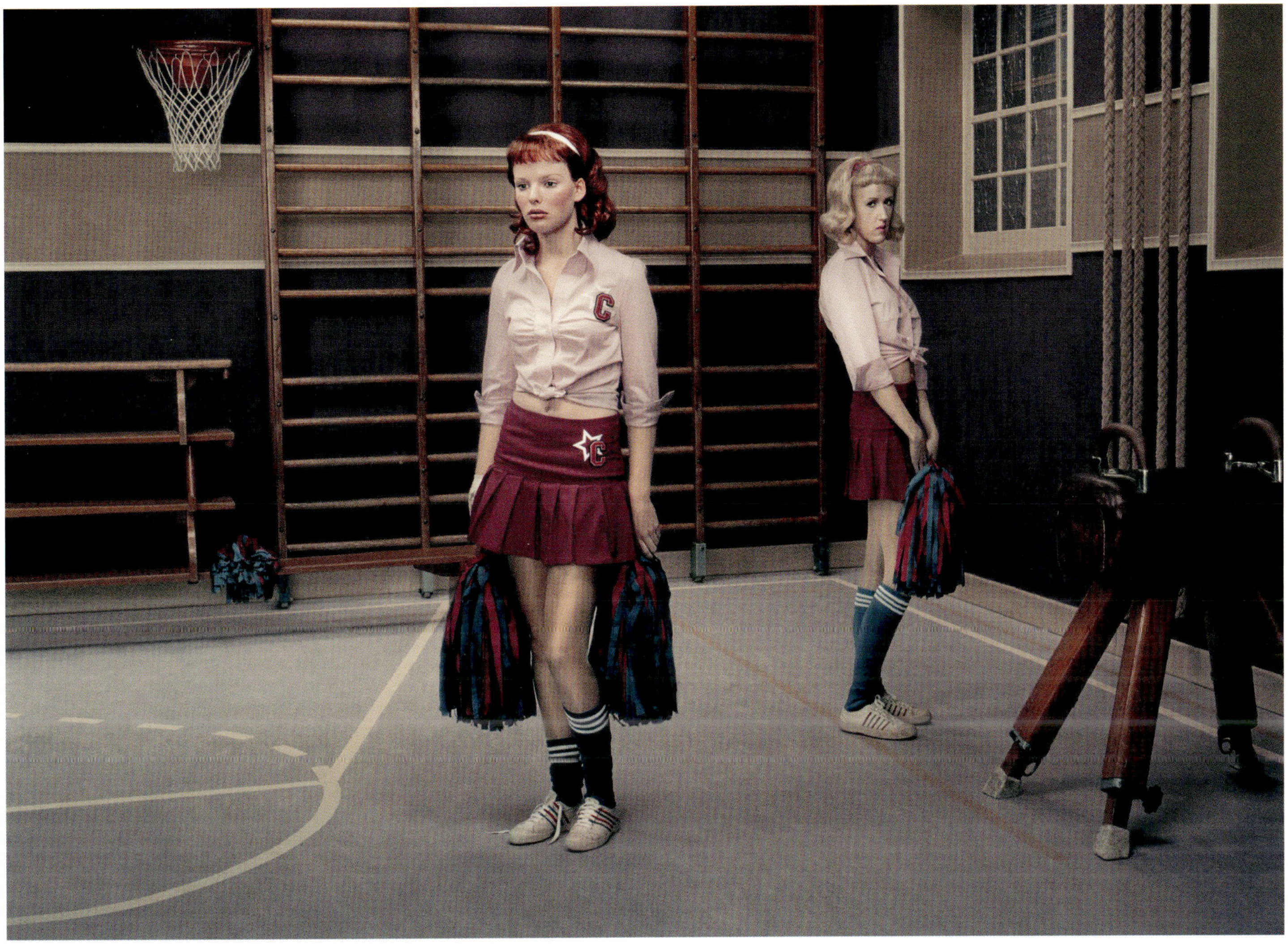

Rain, The Gym, 2004
cm 70 x 99.30 ca.
digital C-Print

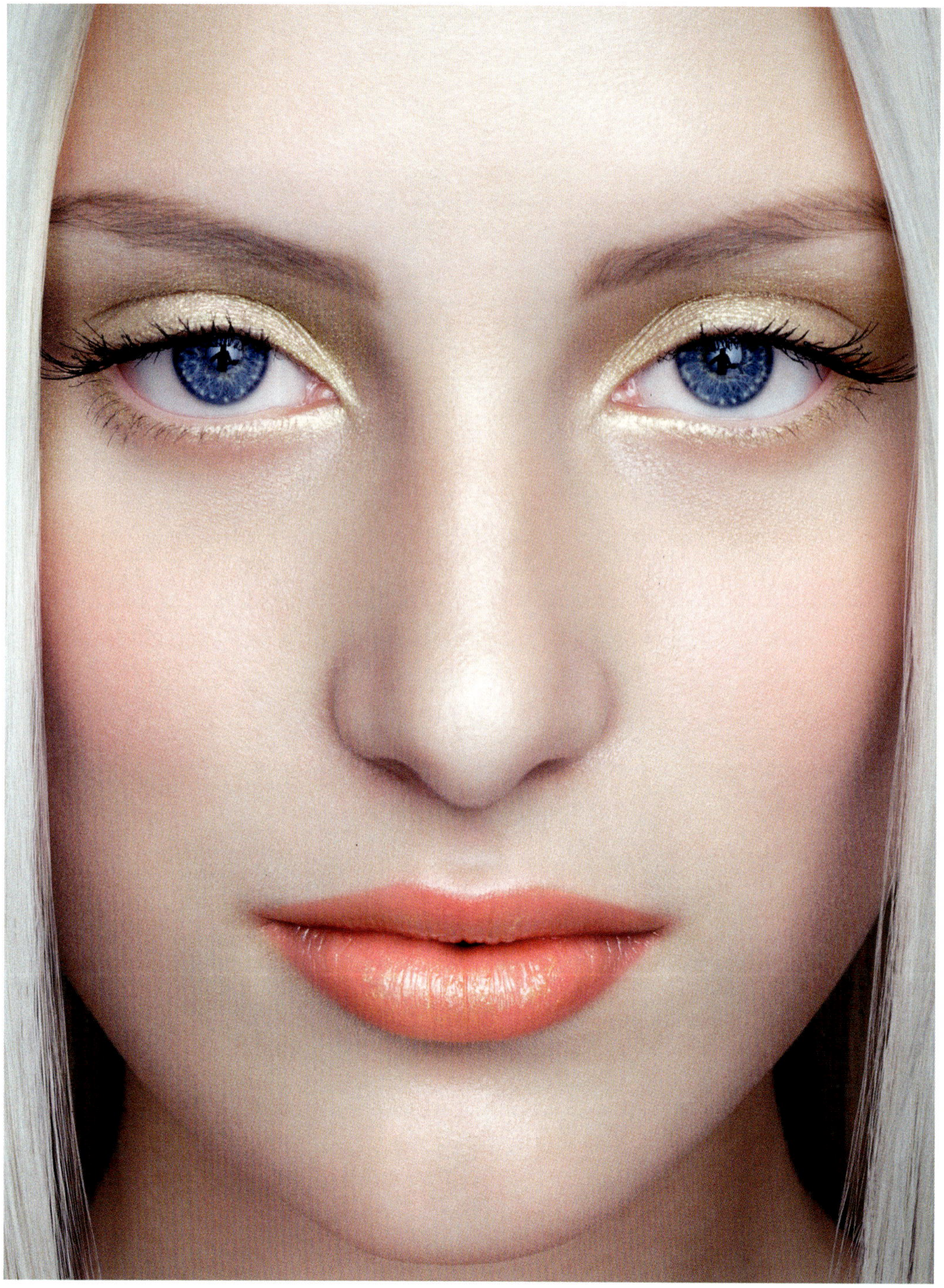

Paradise Portraits, Renee, 2001
cm 56.5 x 75 ca.
digital C-Print

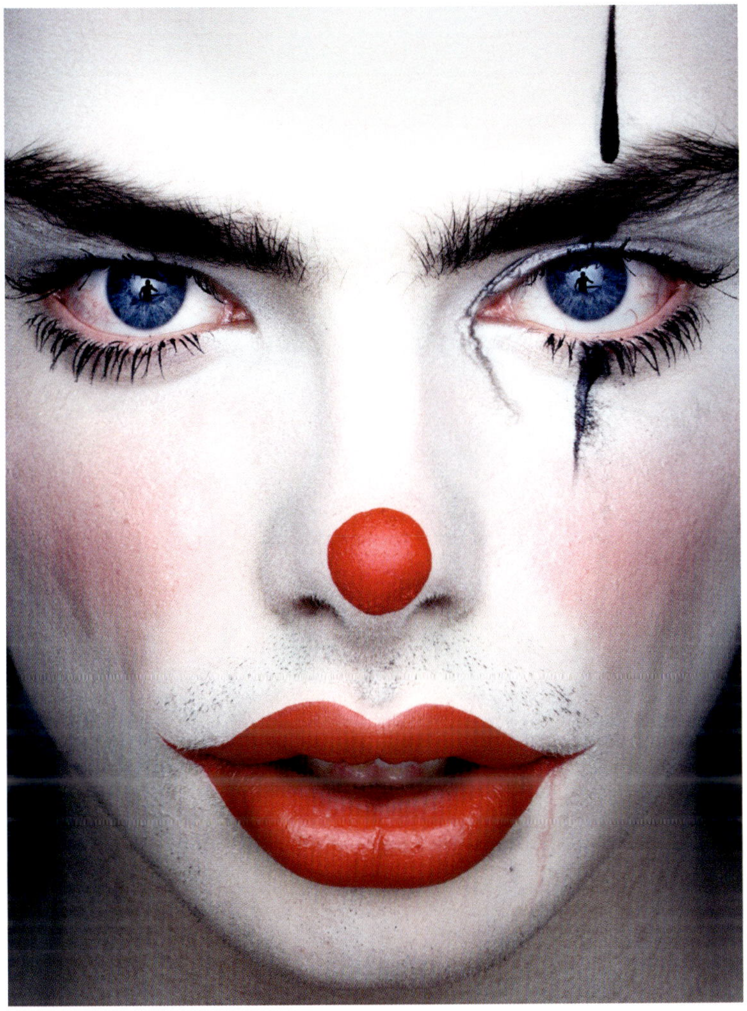

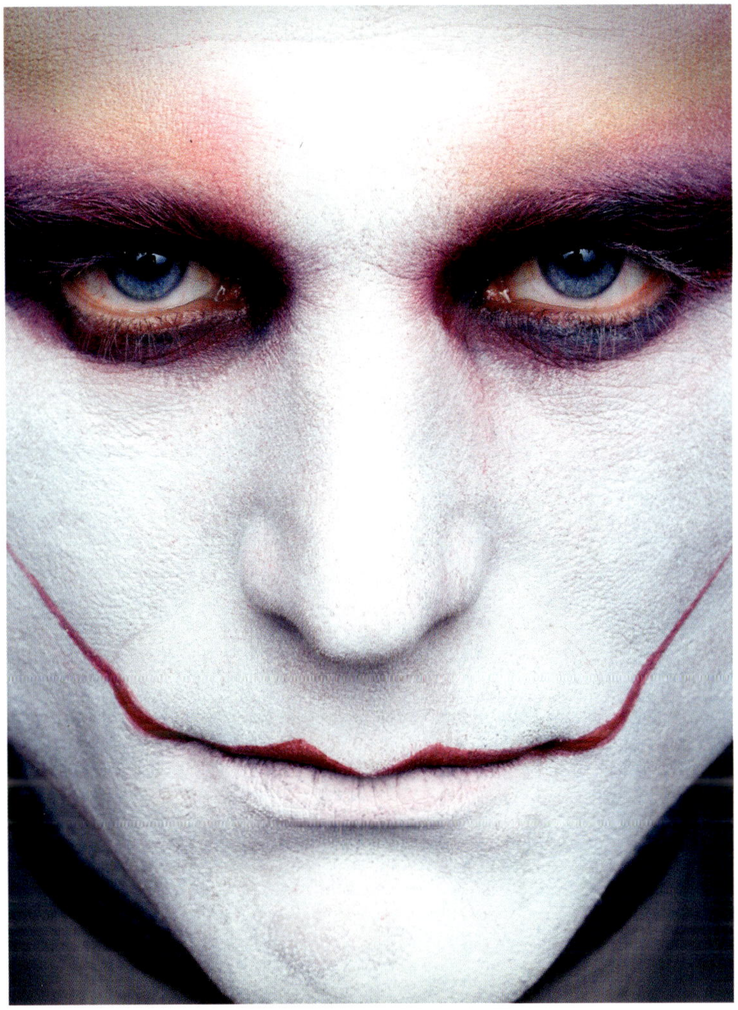

Paradise Portraits, Matt, 2001
cm 56.5 x 75 ca.
digital C-Print

Paradise Portraits, Thomas, 2001
cm 56.5 x 75 ca.
digital C-Print

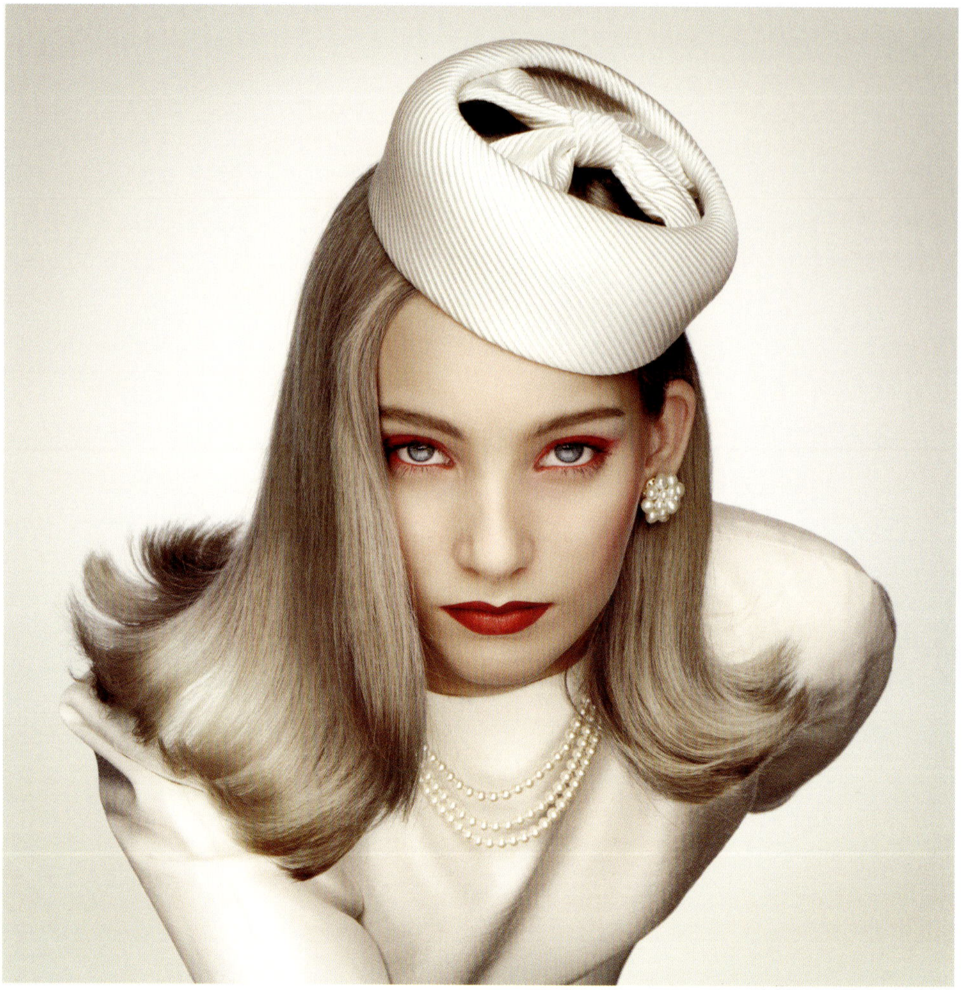

Royal Blood, Jackie O. 12.29 PM - 12.30 PM, 2000
cm 75 x 75 ca.
digital C-Print

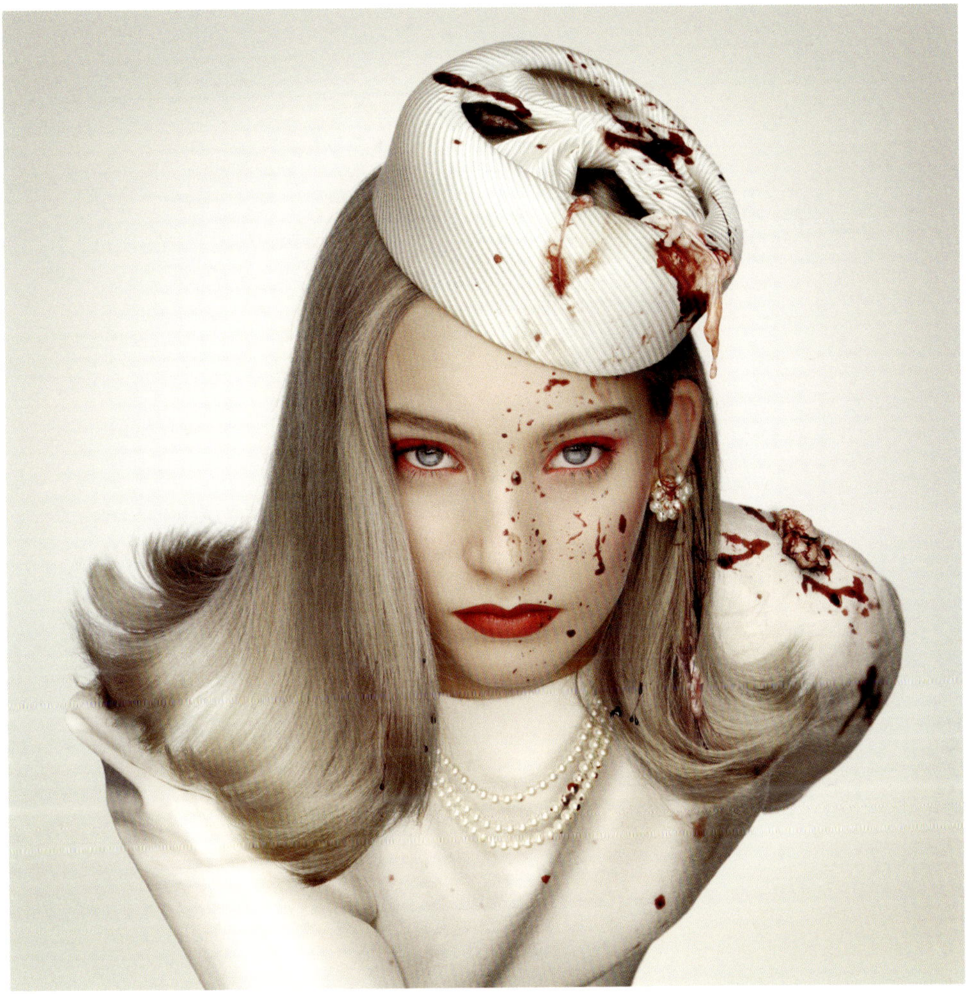

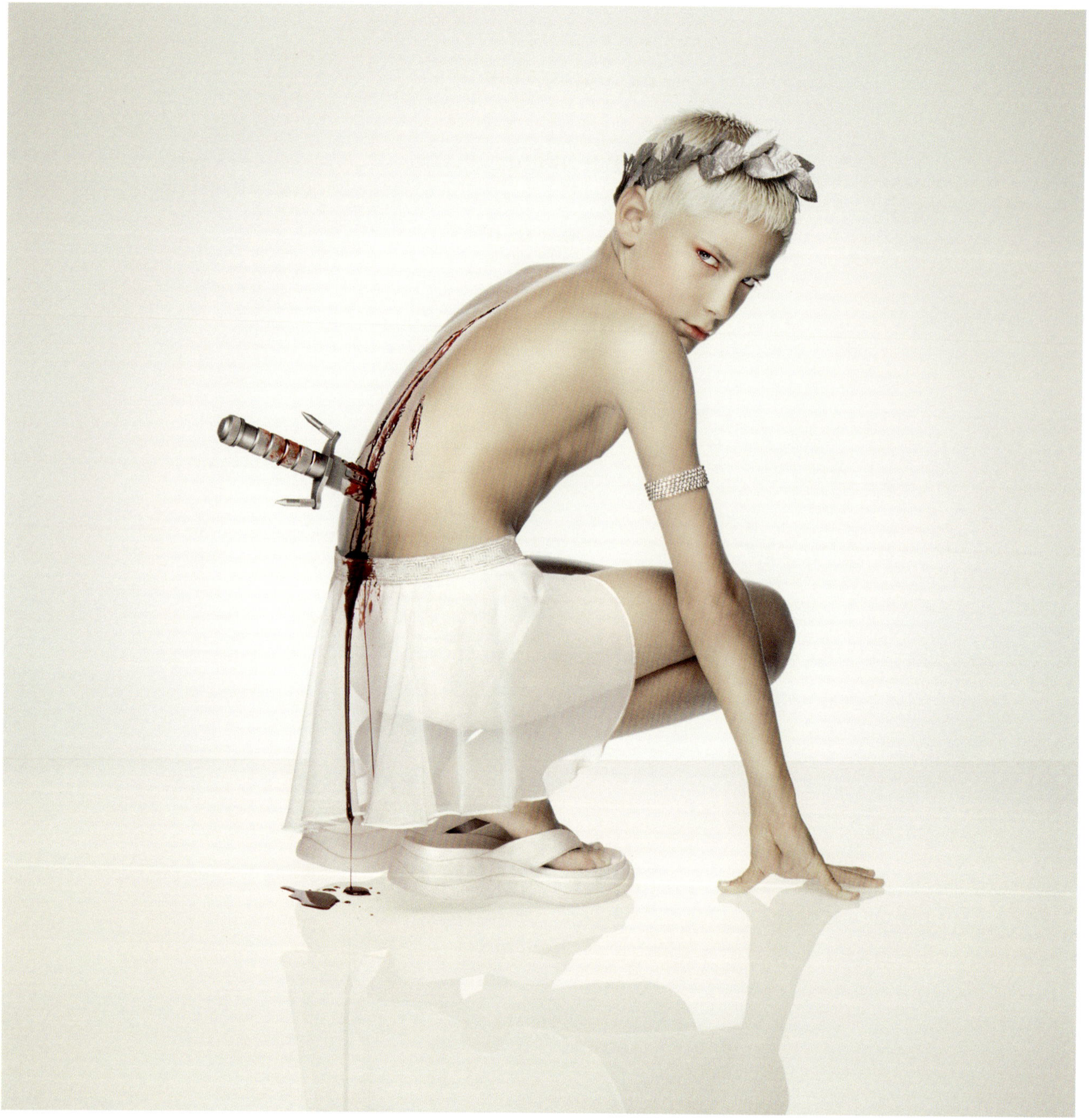

Royal Blood, Julius Caesar, † 44 BC, 2000
cm 75 x 75 ca.
digital C-Print

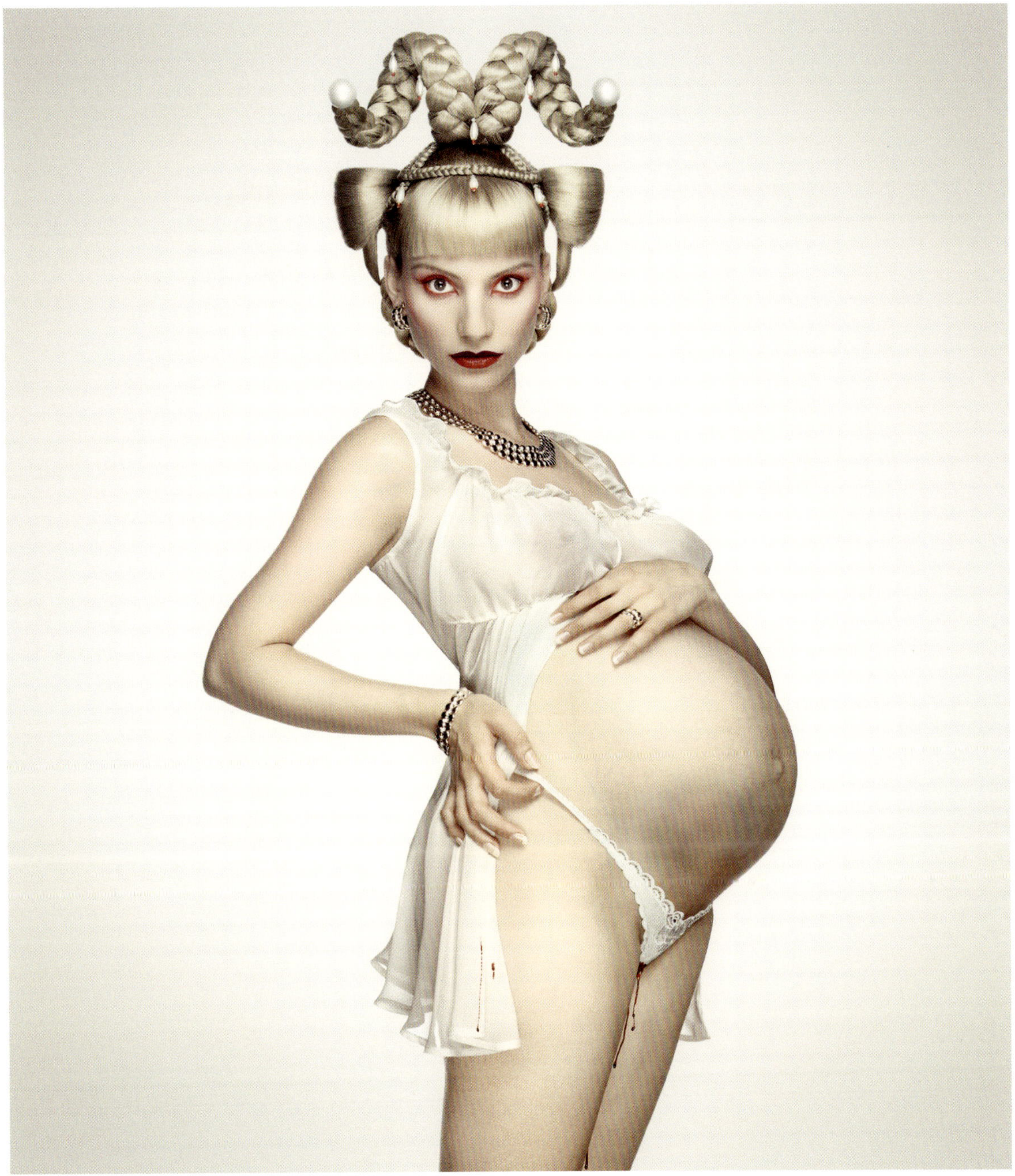

Royal Blood, Poppaea, † 65 AD, 2000
cm 75 x 75 ca.
digital C-Print

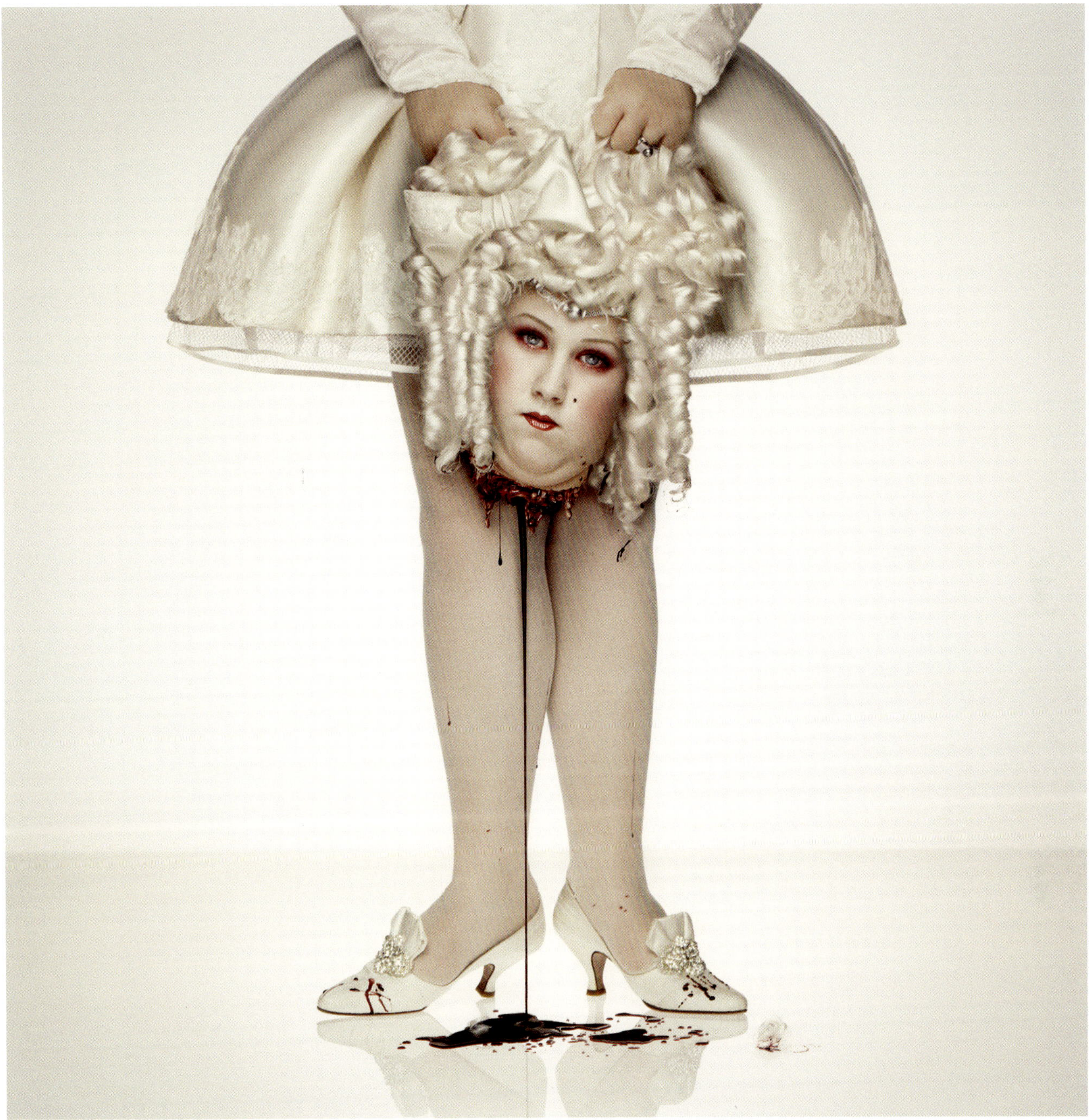

Royal Blood, Marie Antoinette, † 1793, 2000
cm 75 x 75 ca.
digital C-Print

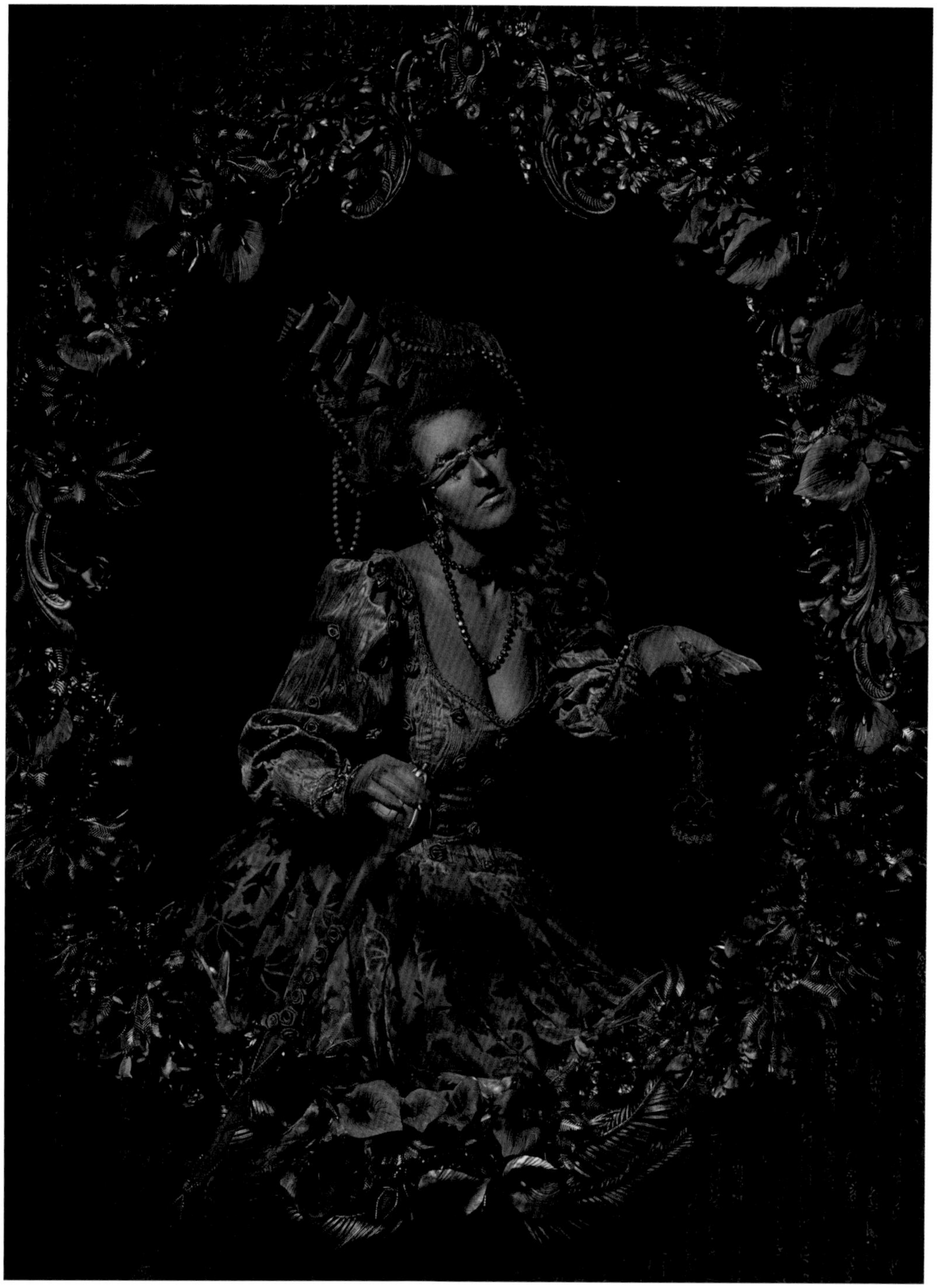

Blacks, Esmeralda, 1990-2002
cm 100 x 134.5 ca.
gelatin silver print on Baryta paper

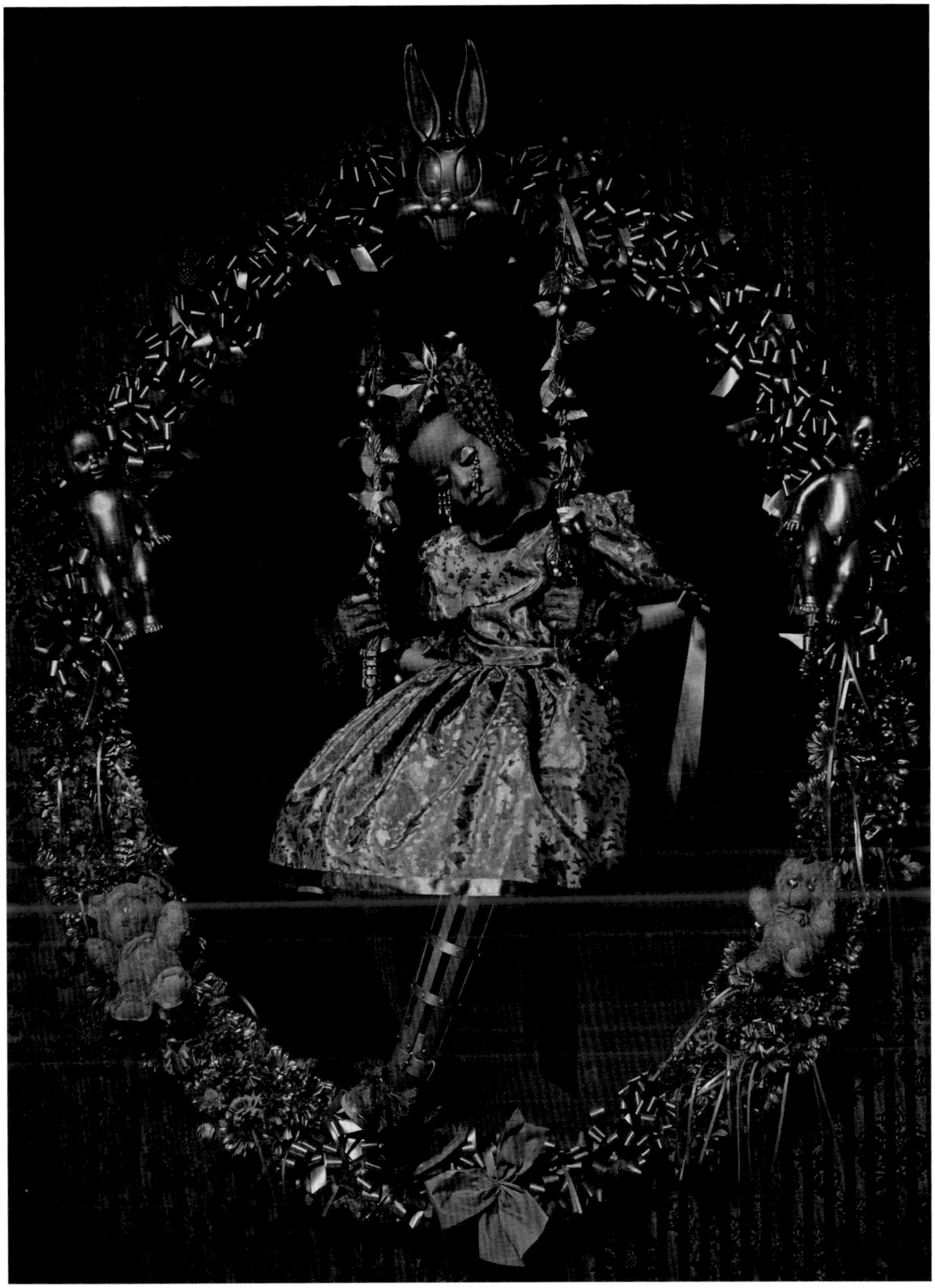

Blacks, Desiree, 1990-2002
cm 100 x 134.5 ca.
gelatin silver print on Baryta paper

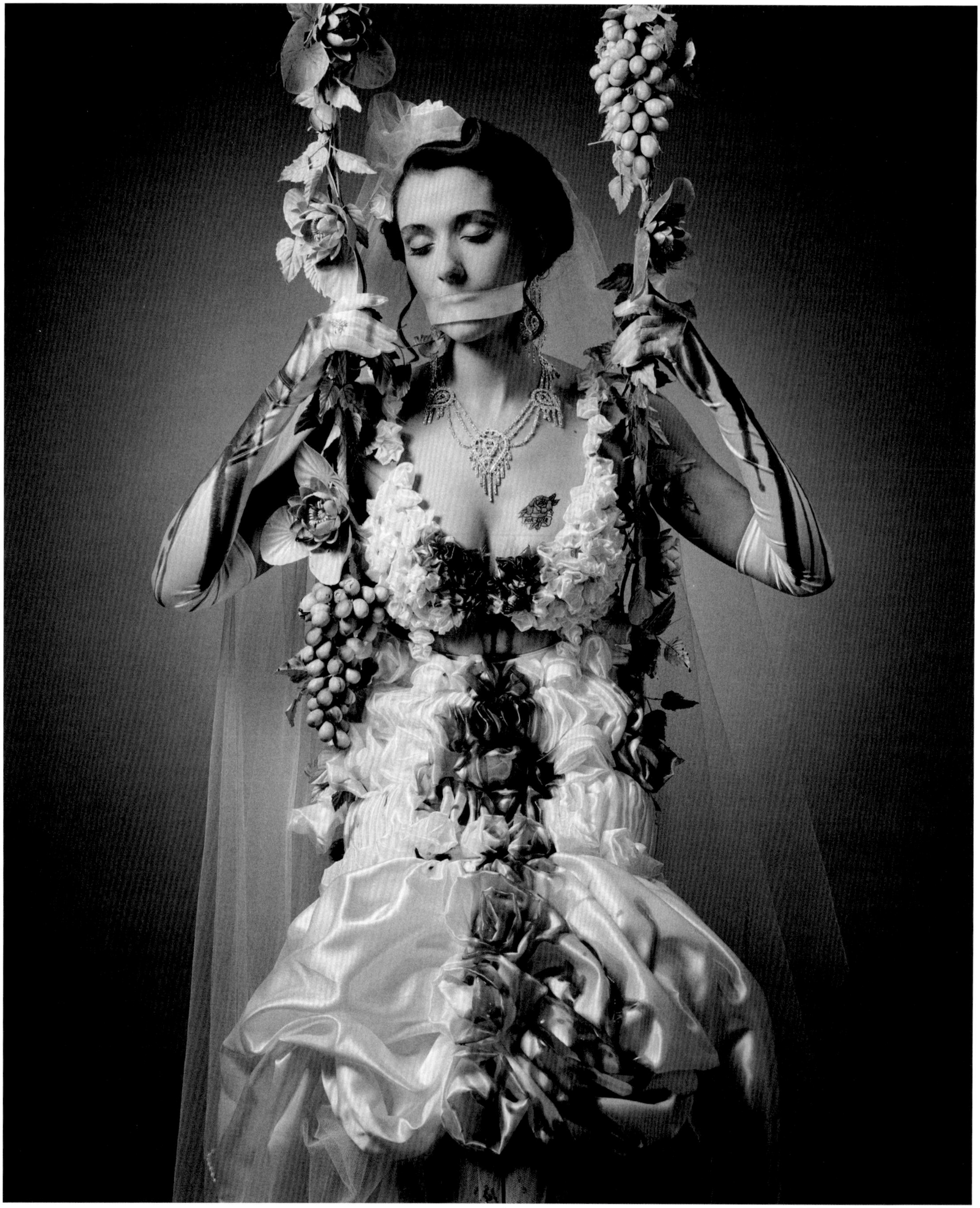

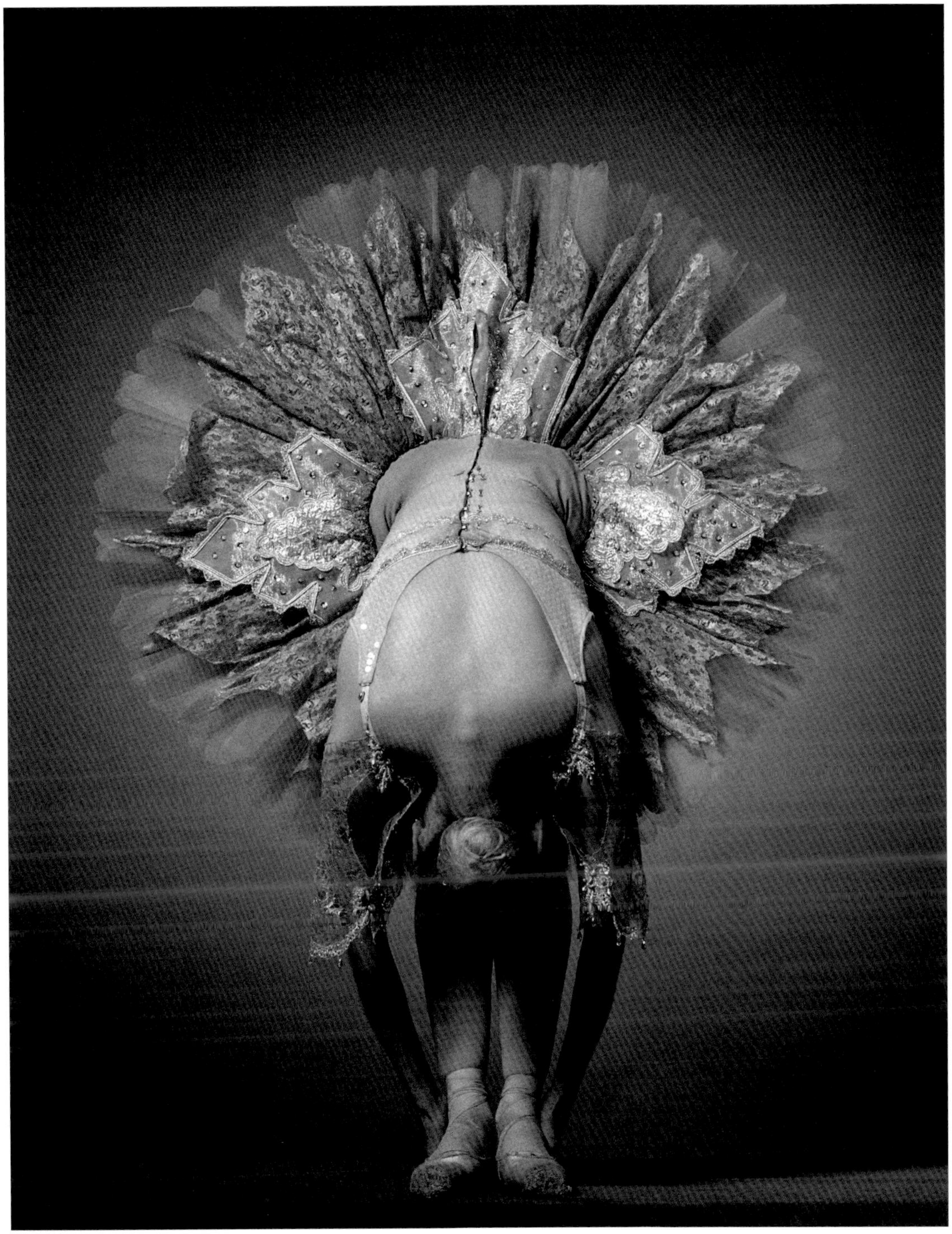

Girls, Sarah de Roo, 1991
cm 37 x 44 ca.
gelatin silver print on Baryta paper

Girls, Marieke Simons, 1988
cm 37 x 46 ca.
gelatin silver print on Baryta paper

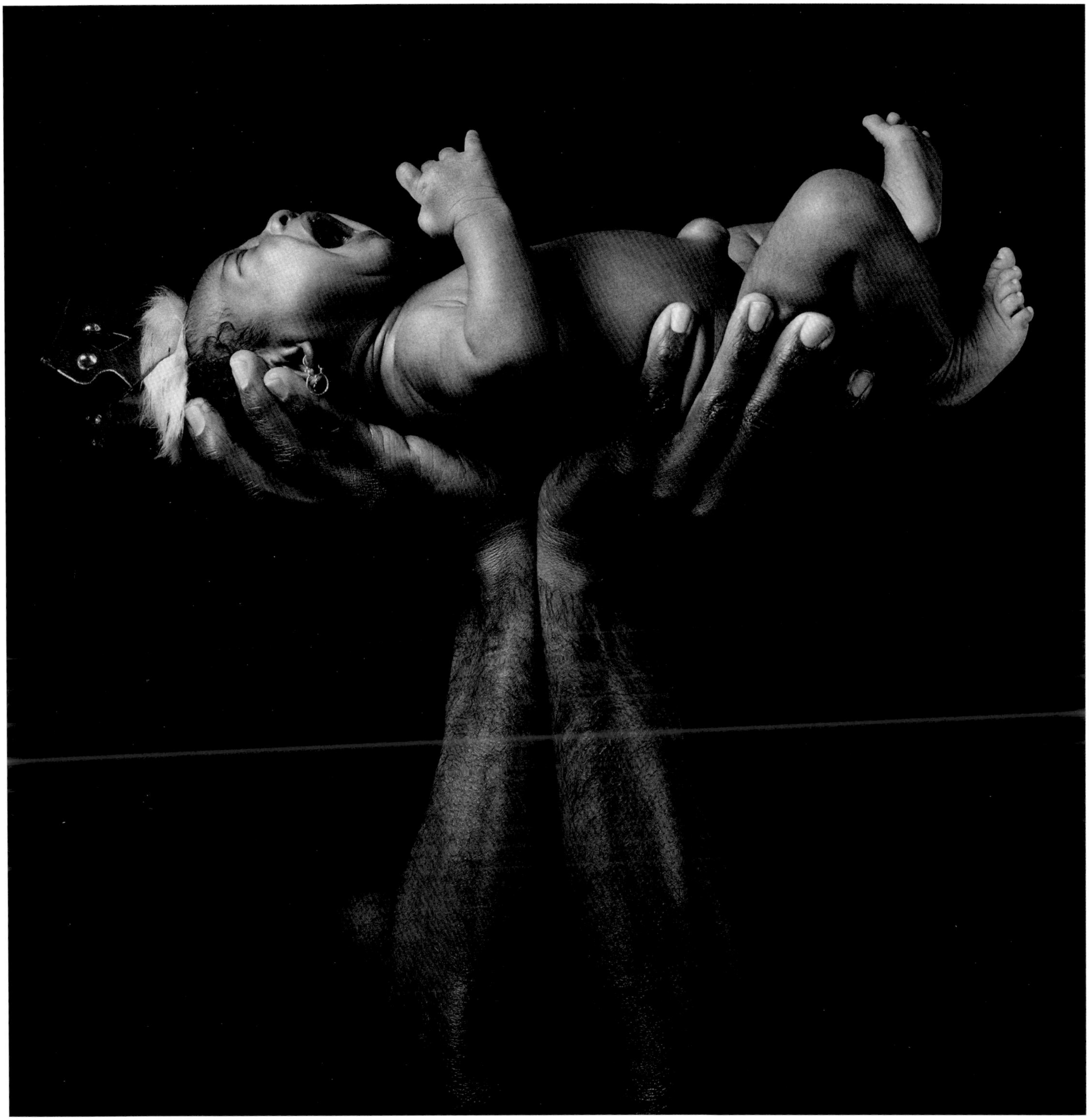

Chessmen, Chessmen II - page 57, 1988
cm 100 x 100 ca.
gelatin silver print on Baryta paper

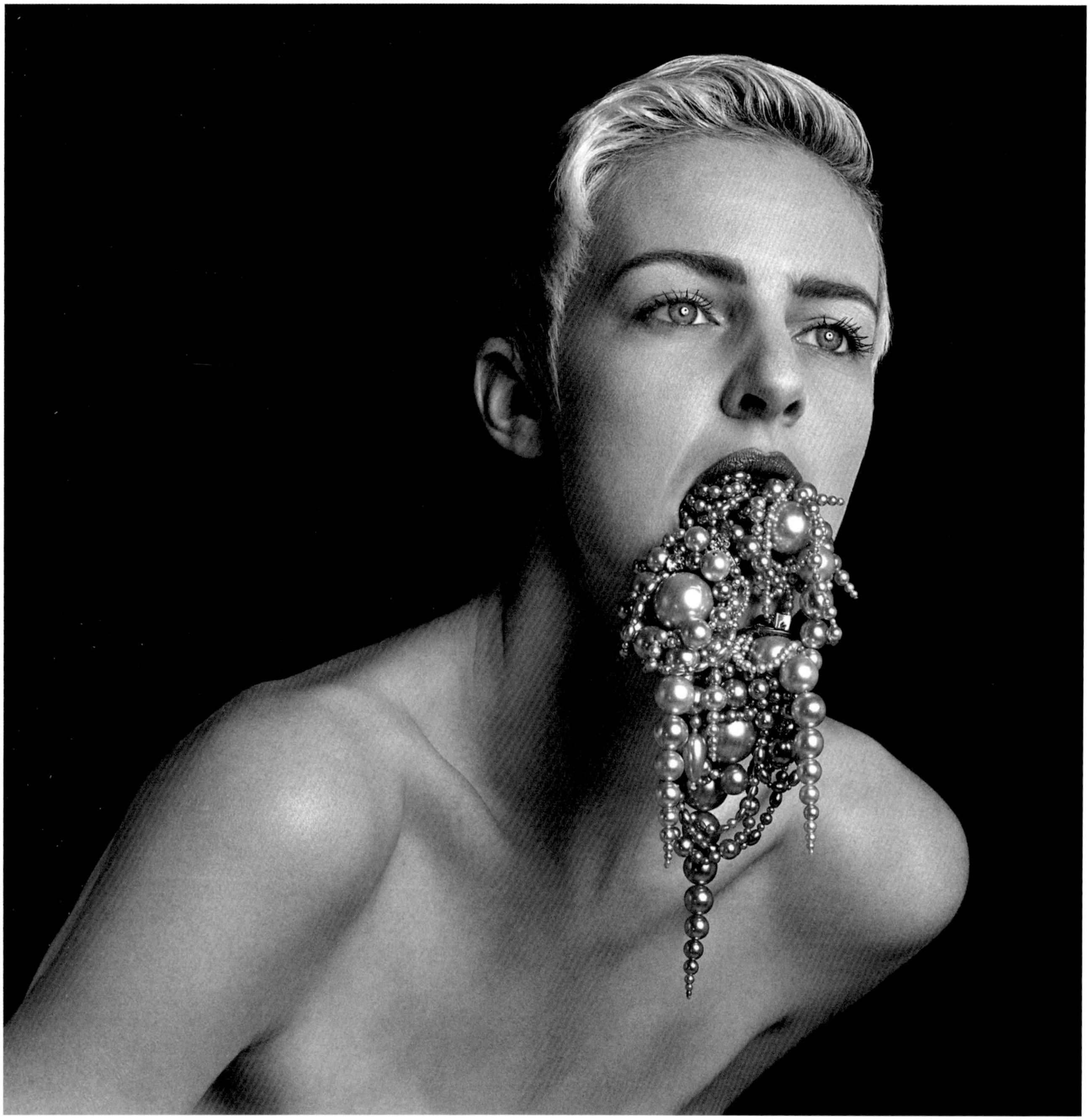

Squares, Pearls, 1986
cm 100 x 100 ca.
gelatin silver print on Baryta paper

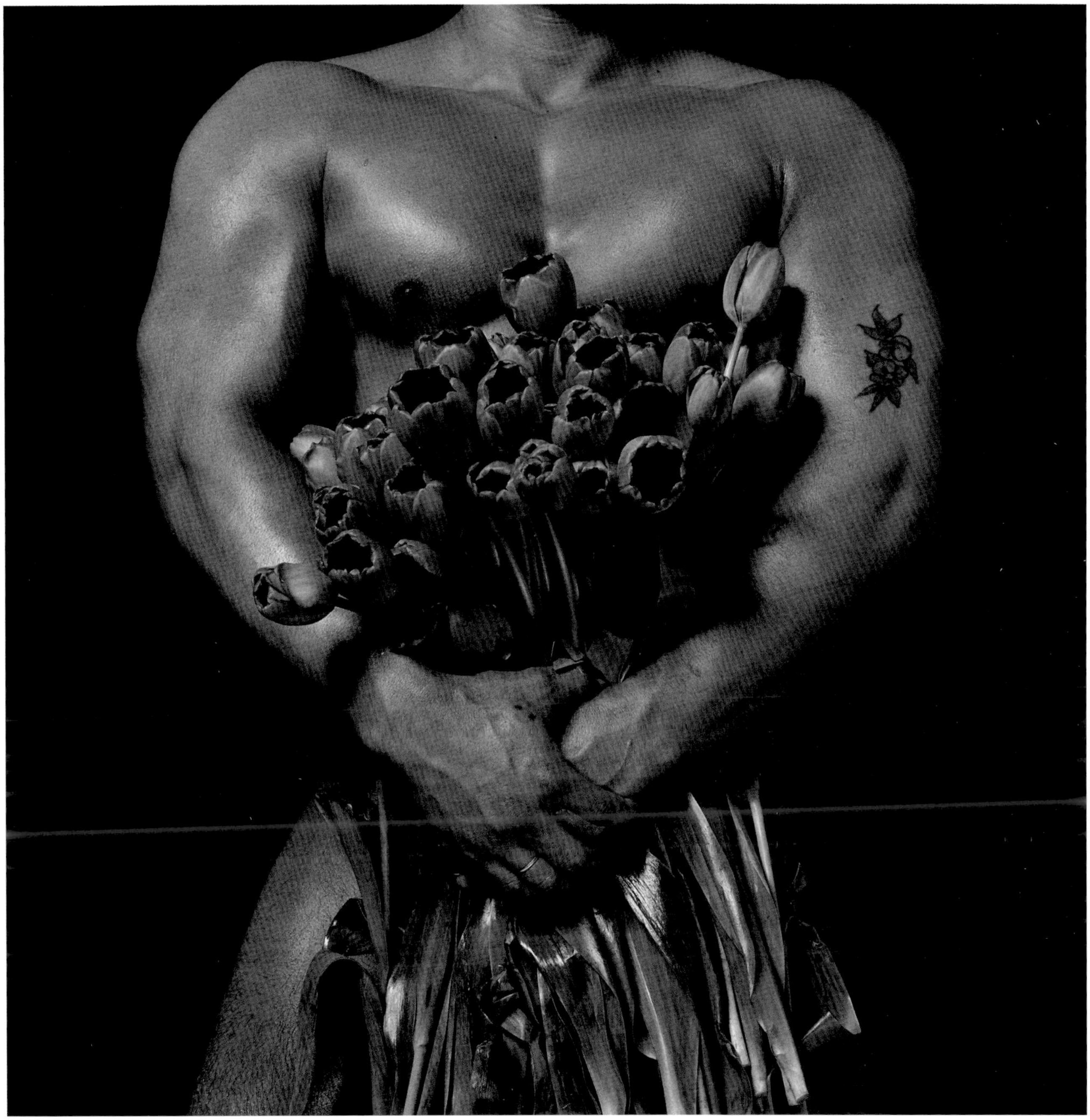

Squares, Tulips, 1986
cm 100 x 100 ca.
gelatin silver print on Baryta paper

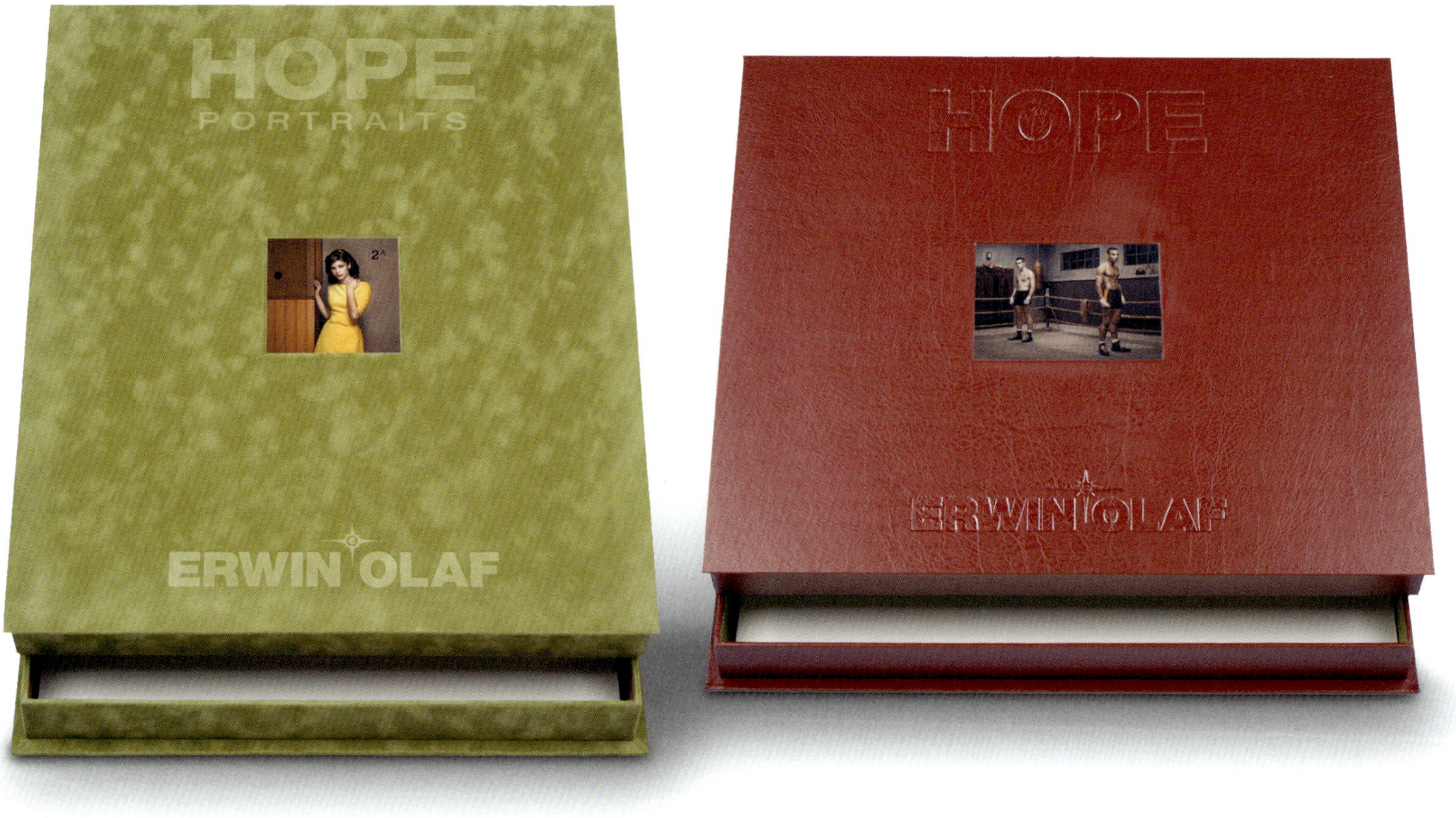

Hope Portraits Box, 2005
9 archival pigment prints from "Hope" series
cm 22 x 22 ca. cad.

Hope Box, 2005
6 archival pigment prints from "Hope" series
cm 22 x 31 ca. cad.

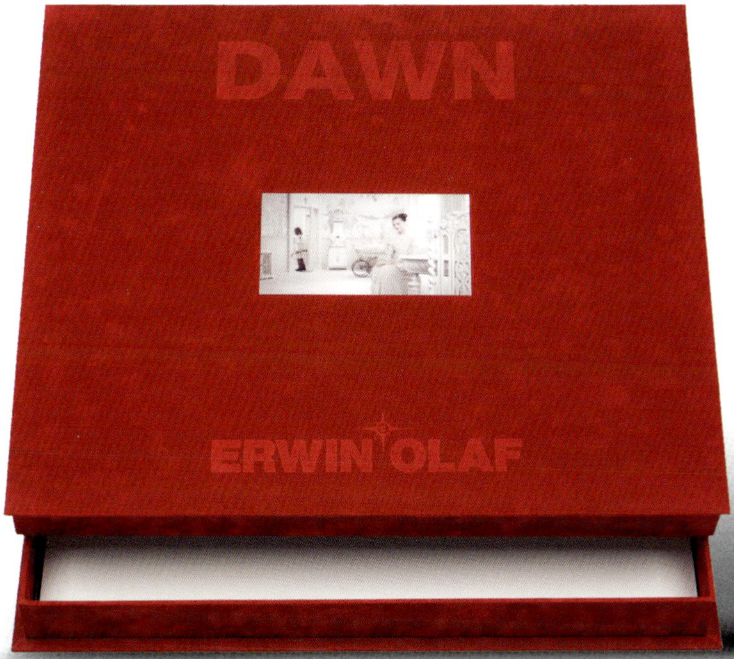

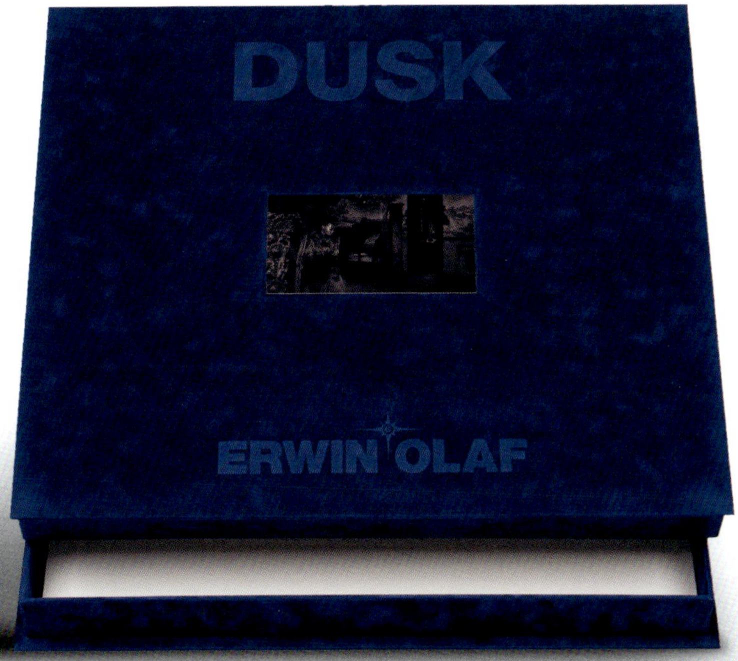

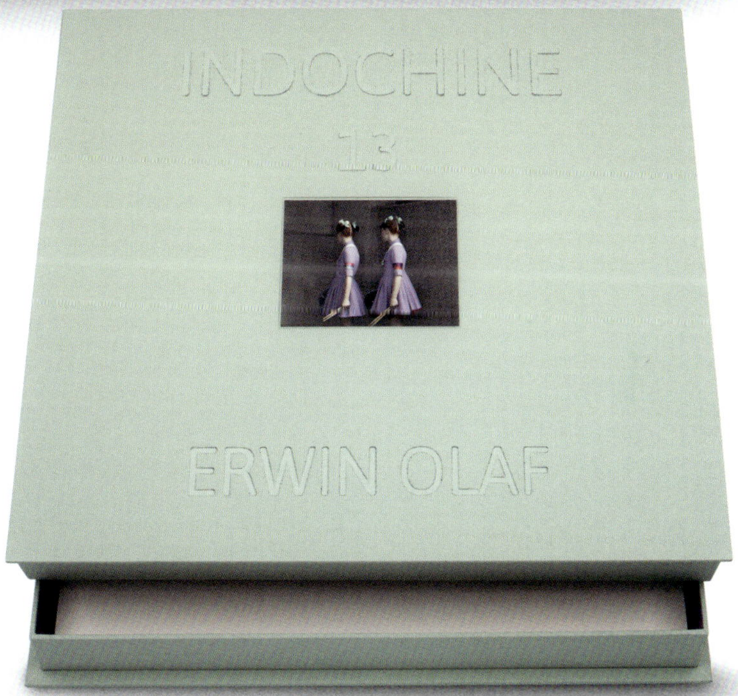

Dawn Box, 2009
6 archival pigment prints from "Dawn" series
portraits cm 27.2 x 16.8 ca. cad.; landscapes cm 16.8 x 31.5 ca. cad.

Dusk Box, 2009
6 archival pigment prints from "Dusk" series
portraits cm 27.2 x 16.8 ca. cad. - landscapes cm 16.8 x 51.5 ca. cad.

Indochine Box, 2017
9 archival pigment prints from "Indochine" series
cm 22 x 31 ca. cad.

In copertina / Cover
Palm Springs, The Family Visit - The Niece, 2018
(particolare / detail)

In quarta di copertina / Back cover
Squares, Pearls, 1986

Silvana Editoriale

Direzione editoriale / Direction
Dario Cimorelli

Art Director
Giacomo Merli

Coordinamento editoriale / Editorial Coordinator
Sergio Di Stefano

Redazione / Copy Editor
Lorena Ansani

Impaginazione / Layout
Nicola Cazzulo

Traduzioni / Translations
Contextus srl, Pavia (Daniela Innocenti)

Coordinamento di produzione / Production Coordinator
Antonio Micelli

Segreteria di redazione / Editorial Assistant
Ondina Granato

Ufficio iconografico / Photo Editor
Alessandra Olivari, Silvia Sala

Ufficio stampa / Press Office
Lidia Masolini, press@silvanaeditoriale.it

Available through ARTBOOK | D.A.P.
155 Sixth Avenue, 2nd Floor, New York, N.Y. 10013
Tel: (212) 627-1999 Fax: (212) 627-9484

MIX
Paper from responsible sources
FSC® C127663

Silvana Editoriale S.p.A.
via dei Lavoratori, 78
20092 Cinisello Balsamo, Milano
tel. 02 453 951 01
fax 02 453 951 51
www.silvanaeditoriale.it

Le riproduzioni, la stampa e la rilegatura
sono state eseguite in Italia
Stampato da Tecnostampa, Pigini Group Printing
Division, Loreto-Trevi
Finito di stampare
nel mese di marzo 2020
Reproductions, printing and binding
in Italy
Printed byTecnostampa, Pigini Group Printing
Division, Loreto-Trevi
March 2020